出口からみる
収益不動産投資

和合 実 著

はじめに

２００６年３月に『収益不動産所有の極意』（清文社）を上梓してから、読者の方々から「不動産を購入するときどのように見ればいいのですか」とか、「どこに気をつければいいのですか」という質問を数多く頂戴していましたが、個別にお答えしきれず、申し訳なく思っていました。そんな折、出版社から「不動産の見方」を題材にした原稿の依頼がありました。

私は現職のサラリーマンですから、自分の都合だけでことは運びません。処女作もいろんな制約をクリアしてやっとの思いで出版にこぎつけることができたのです。そんなわけですから、このお話をいただきましても、二つ返事で「了解しました」というわけにはまいりません。それでも編集長の「いつまでも待ちます」との暖かいお言葉に励まされ、先の読者の期待にも応えるべく、亀の歩みのごとく少しずつ書き進め、でき上がったのが本書です。

これは私個人の不動産の見方であり、不動産のプロがすべて同じような見方をしているわけではありません。そういうことですから不動産への一つのアプローチの仕方として参考にしていただければと思っています。

昨今の時代の変遷には目まぐるしいものがあります。そこで、その流れにあまり影響を受けない内容と、その流れに即した内容を包含した著作を心がけました。読者の皆様の気づかなかったことが一つでもこの著書から見つかりましたら幸いです。

不動産の仕事をしていまして時折感じることがあります。私は多くの方々と違う感じ方をすることがあるのです。それは「少し」、いいえ「大分」といえるかもしれません。どういうことかと申しますと、購入資力になんら問題なければ、不動産を「買うも買わないも購入者の判断で決まる」と考えていましたが、実はそうではないようなケースがあるのです。そのような場合の理由について深く考えようともしませんでしたが、あるとき私はその答えかもしれないと思えることに気づいたのです。

それは「その不動産が買主を選定しているのではないか」ということです。不動産は「縁のもの」とはよくいわれることですが、縁は一方的なものではなく、その不動産の目に見えない思いや、聞こえない声を聴こうとする購入者の意識が、縁をつなぐ上で大事なことのように思えるのです。ひょっとしたら、不動産も自分のことを大事にしてくれそうな人のところに、縁を結びたいと思っているのかも知れないと、ふと感じるようになった次第です。

そんなことをも気にしながら、不動産ビジネスをしている私を読者の皆さんは、「変な人」とお感じになられるかもしれませんね。それでも結構です。そんな人物がこの本の著者であると思って読んでいただければと思います。ただし、そうはいいましても私自身は不動産ビジネスの実務家です。評論家でも学者でもありません。現実的なものの見方をしてビジネスをしています。それが基本スタンスであるということも、ご理解願います。

日夜大好きな不動産ビジネスをできることがありがたく、不動産とお客様とのご縁つなぎをさせていただけることに感謝しております。お客様とのWIN―WINの考えで行ってきた、私の不動産ビジネスでの取り組み姿勢に対する多くのお客様からのご支援や、私がお世話した収益不動産を購入し、満足感や喜びの感じられるお手紙を頂戴します。ありがたいことです。それはまさに私の喜びであり、励みの源泉であります。
このたびの出版にあたりましては、株式会社清文社の総合企画室長の玉江博氏をはじめ、編集部諸氏にご尽力を賜りましたことを、ここに心より御礼申し上げる次第です。

平成19年1月

著　者

出口からみる収益不動産投資

目次

はじめに

序章 物件概要書はどう見るの？

第1章 マンション一棟物件の見方

第2章　アパート一棟物件の見方

第3章　事務所ビル一棟物件の見方

第4章　店舗物件の見方

第5章　区分所有物件の見方

第6章 和合 実のアドバイス

終　章　不動産所有の最終形を考える

ブックデザイン……デザインオフィスがいな

序　章

物件概要書はどう見るの？

収益不動産の購入を考えている人が手にとって、まず手はじめに検討材料とするのが、「物件概要書」です。物件概要書にはその不動産の特徴が記載されていて、ある程度その物件をイメージできるようになっています。ただ、物件の表示方法には業界用語等が使われ、その見方には一定のルールがあります。

はじめに用語の意味や見方のルールを覚えておいてください。

一般的に物件概要書には、次のような内容が記されています。

・物件価額　・物件所在地
・所在地図と写真　・物件の種目
・最寄り駅とその駅までの所要時間
・土地面積　・建物の延べ床面積
・建物の構造と階数　・建物竣工年月日
・タイプ別戸数　・用途　・容積率　・建ぺイ率
・土地の権利　・地目　・接道状況　・設備
・引渡し条件　・利回り　・その他

「物件価額」は売主の売却希望価額です。この金額で売りますよ、という売主の意思表示なのです。しかし、売買契約金額がこのとおりかどうかはわかりません。買手が高いと思えば指値（購入希望価額）が入ることもあるからです。指値をした買手以外に購入希望者が現れなければ、売主は値段を下げて売らざるを得なくなることもありえます。

物件概要書には、「消費税を含む」「税込み」「税別」の表示があるのが通常です。記載のない場合は「税込み」と考えられますが、思い込みにならないように必ず確認してください。本書では、物件価額には消費税等（消費税・地方消費税）は含むとして解説します。税込みの場合でも、土地価額と建物価額の価額区分表示はされていない場合が多いのです。消費税等は建物のみにかかりますので、区分表示がされていない場合は、物件価額にいくらの消費税等が含まれているか、売主側に確認するまではわからないのが通常のケースと思っていてください。

「物件所在地」は、「登記簿」（正式には登記事項証明書といいます）に記載された所在地です。一般にいう「住所」（住居表示）とは異なりますので注意が必要です。

ひとくちメモ

新聞や広告チラシ等には所在地までは書いていません。表向きの理由はスペースの関係だとかいいますが、全部書いてしまうと購入見込客は売却物件の特定ができ、勝手に見に行くことが可能になります。広告主である仲介業者の知らないうちに、たまたま当該物件を取り扱う他業者との間で、商談が進むということもありえます。それでは広告主は広告費だけ支払って、ビジネスチャンスを失うことになってしまいます。それを避けるために所在地を記載しないというのが本音です。新聞チラシでの物件広告は、興味を持っていただいた購入見込客からの連絡を待つのが主たる目的です。

興味を持った人は当然その物件の詳細を尋ねようと、問合わせをします。ですから、業者サイドとしてはその物件広告には悪いことは書きません。できるだけ興味を持っていただけるように表示するのです。悪いところは問合わせをいただいてから、「実は……」という具合に物件説明を始めることがよくあります。要は不動産購入意思を持っているあなたという存在を不動産仲介業者は知りたいのです。そのための広告なのです。

これまでに広告主に問合わせをした経験のある方は思い出してください。電話で問い合わせをしても、「担当者が不在ですので、こちらから折り返しお電話いたします。お電話番号とお名前をお聞かせください」という返事だったのではないでしょうか。これは決まり文句のようなもので、そのとき、たまたま担当者が営業に出ているということもあるでしょうが、業者によっては担当者がそばにいてもそういいます。担当者しか物件概要を知らないということはないはずです。営業社員の給与が歩合制の場合や、多くの物件を扱うところは物件ごとに担当者を決めているのも事実です。しかし、その場に上司がいて、その上司が物件のことをまったく知らないということでは、別の意味で問題ですね。問い合わせたあなたの連絡先と名前を伺っておけば後日営業をかけることができますし、別物件の紹介先としてあなたを見込客リストに入れておくことができるのです。不動産の仲介業者の物件広告の一面をお忘れなく。

「所在地図と写真」は、物件の所在地がわかる位地図と物件の概観写真です。位置図には住宅地図を貼り付けたものや、駅からの案内図として手書きされたものもあります。特に専任媒介物件や専属専任媒介物件では写真もつけるべきかと思うのですが、写真付きは意外と少ないかもしれません。これはその業者さんの営業姿勢の問題です。

「物件の種目」は、マンション・店舗・ビルというような分類の表示です。収益物件であれば、収益マンションとか収益アパート等の表示がなされています。

「最寄り駅とその駅までの所要時間」は、物件の最寄り駅名と、その駅への徒歩・バスでの所要時間です。たとえば「ＪＲ○○駅徒歩５分」というように表示します。この場合の徒歩１分の距離は80ｍを指します。ですから５分ですと４００ｍということになります。実際に歩いてみるともう少し時間のかかることがよくあります。

「**土地面積**」は、一般的に登記事項証明書に記載のある面積（いわゆる「公簿面積」のことです）を指します。実測面積での取引（「実測取引」といいます）もありますが、収益物件の場合、比較的公簿面積での取引（「公簿取引」といいます）が多いようです。

「**建物の延べ床面積**」は、一般的に登記事項証明書に記載のある面積で、各階ごとの面積を記載する場合と、合計床面積のみを記載したものがあります。登記簿上の面積は内法《うちのり》面積を表示しますので、建築基準法上の壁心面積より幾分小さくなります。

「**建物の構造と階数**」、建物の構造は、建物の主要構造部が何によってできているかを示します。階数は、その建物が何階建てかを表示します。構造は、鉄筋コンクリート造りの場合はＲＣ造、鉄骨造りの場合はＳ造、鉄骨鉄筋コンクリート造りの場合はＳＲＣ造と、略式表示をする場合もあります。階数表示には地下室がある場合はその旨の表示もします。

「**建物竣工年月日**」は、その建物の竣工した日です。登記事項証明書で確認できます。築年数の古い物件は築年不詳となっていることもあります。

築年不詳を調べる奥の手を教えましょう。市町村の固定資産税課で固定資産税の評価証明書や公課証明書を発行してもらうときに、「竣工年月日を入れてください」といえば、わかっている場合は記載してくれます。登記がされていなくとも固定資産税は課税されていますので、固定資産税課税台帳に記載されていることもあるのです。

「タイプ別戸数」は、間取り別の戸数をいいます。たとえば一棟の物件の中に20戸ある場合、1LDKが10戸、2LDKが6戸、3LDKが4戸というように、タイプ別の内訳を表示します。

「用途」は、都市計画法で定められた地域の種類のことです。用途地域制度があるのは、多様な建物が無秩序に建てられると環境の悪化や都市機能の停滞を生み、弊害が生じることにもなるからです。そこで住み分けを進めるためにできたのが用途地域制度です。

次頁の用途地域の種類を参照してください。

「容積率」は、建築物の延べ床面積の敷地面積に対する割合のことです。たとえば、100坪の土地で容積率200%と書かれていた場合は、敷地面積に対して2倍までの床面積、すなわち最大200坪の建物が建てられる土地であるということです。

「建ぺイ率」は、建築物の建築面積が敷地面積に占める割合のことです。たとえば、100坪の土地で建ぺイ率60%と書かれていた場合は、敷地面積に対して建

用途地域の分類　　（都市計画法第９条参照）

住居系
①第一種低層住居専用地域 　低層の住宅街として良好な住環境を保護することを目的とした地域で、専用の店舗や事務所は建てられない。 ②第二種低層住居専用地域 　主として、低層の住宅街としての良好な住環境を保護することを目的とした地域で、日用品などを販売する店舗は建築可。 ③第一種中高層住居専用地域 　中高層の住宅街として良好な住環境を保護することを目的とした地域で、小規模商業施設の建築は可。 ④第二種中高層住居専用地域 　主として、中高層の住宅街として良好な住環境を保護することを目的とした地域で、中規模程度の商業施設の建築は可。 ⑤第一種住居地域 　低層住宅と中高層住宅が混在し、住環境を保護することを目的とした地域。 ⑥第二種住居地域 　主として、住環境を保護することを目的とした地域で、ビルや店舗も混在し、職住接近のエリア。 ⑦準住居地域 　主に幹線道路沿いで、業務施設や商業施設と、住環境との調和を目的とした地域。
商業系
①近隣商業地域 　小規模店舗が集積した商店街等など、近隣住民への日用品供給等の利便性を図ることを目的とした地域。 ②商業地域 　大規模な商業施設や業務施設が集合したエリアで、主として、商業の利便性を図ることを目的とした地域。
工業系
①準工業地域 　主として、環境悪化のおそれのない工業の利便増進を目的とした地域。住居も混在する。 ②工業地域 　主として、工業の利便増進を目的とした地域で、どのような工場も建築可。 ③工業専用地域 　工業の利便増進を目的とした地域で、住宅建築不可の大規模工場地帯。

坪が60%の範囲ということですから、最大建坪60坪の建物が建てられる土地であるということです。

「土地の権利」は、所有権、地上権、借地権などです。どれに該当するのかを、購入見込み客に知らせせなければなりません。表面利回りが高いのは借地権であるためということもあります。

「地目」は、宅地、雑種地、山林、農地、池沼などです。本書の読者の方が買われる物件は宅地か雑種地（例：駐車場）のどちらかだと思います。農地の売買もあるかもしれませんが、農地のままでは農業従事者でないと購入できません。農地法に定められた転用の手続をとらないと、売買契約は無効となることが考えられますので注意してください。

「接道状況」は、物件に面した道路の状況（角地や両面道路に面した物件の場合は、従たる道路の状況）や、間口幅（幅員）についての表示です。道路は公道ばかりでなく、私道の場合もありますので、権利関係をよく調べておかないと、建替えができない物件もあるので要注意です。

「設備」は、電気、水道、ガスの引込み状況の表示です。店舗の場合は什器備品付きという物件もあるので、引渡し時の状況を表示します。

「引渡し条件」は、契約後いつまでに引渡しができるのかを表示します。たとえば所有者が入居中で引越しに時間がかかる場合もありますから、そのあたりの条件を表示します。

「利回り」は、通常表面利回りを指します。年間総収入を売出し物件価額で割った数値を表示しています。総収入額から固定資産税・都市計画税や管理費、火災保険料、共用費、一定率の空室家賃、経常修繕費等を差し引いた額（「純営業収益」「ＮＯＩ（ネットオペレーティングインカムの略）」ともいう）を、諸費用込み物件価額（「総投資額」をいい、これには消費税等込み物件価額・契約書印紙代・仲介手数料・所有権移転の登録免許税・融資手数料・抵当権設定の登録免許税・登記手数料・不動産取得税を含む）で割った数値をキャップレート（総合還元利回り）といい、これを実質利回りとして計算する方法もあります。本書では利回りを表面利回りで表示し、その定義を消費税等込みの年間賃料（共益費を除く）を、消費税等込みの物件価額で除した数値とします。

「その他」は、これまでに表示した事項以外に購入見込客に知らせる必要性の高い事項（たとえば近隣に大きなショッピングセンターが計画されているとか、越境物の事情等）を表示します。どちらかというと、売主にとって不利になるような事項はほとんど書かれていないと考えておいてください。最近は検査済証の有無が表示されるようになっていま す。関西では検査済証のない物件も多く流通していますので、それがある場合は「有」とはっきり書いています。検査済証は違法建築物でないことの証とみられていますから、融資対象になりやすいという見方もできます。

ポイント

1 消費税は建物価額にのみかかるので、総額表示の場合はその点を確認しておかなければなりません。
2 仲介業者から営業をかけられたくなかったら、安易に連絡先をいわないようにしましょう。
3 違法建築物に対して、メガバンクや地銀は融資をしないケースが多い。
4 検査済証があっても、検査後の追加工事で違法建築物になっている場合もあるので要注意です。

第1章

マンション一棟物件の見方

それでは、具体的にこの章から種別ごとの物件について解説していきます。登場人物については仮名を使用しています。また物件概要書の内容、数字等は実際のものを記載すると問題が生じるケースもあるので、多少変更しています。

Case 1 買わなくてよかったんじゃないですか？

新聞広告には必要最低限のことしか載っていません。このような物件の新聞広告を見てどのようなことを調べたら良いと思われますか。広告物件に興味をもたれた水田さんから相談を受けた私が、どのようなアドバイスをしたかを述べます。

1 現地での物件確認をすすめる（物件概要書を取り寄せて）

利回りは950万円÷8400万円＝11・3％です。利回りは高いといえる数値ですね。水田さんはそこが気に入られたようです。そこで、私は、この物件の仲介業者に連絡し、物件概要書をもらって、自ら現地に行って物件確認をすることをお勧めしました。

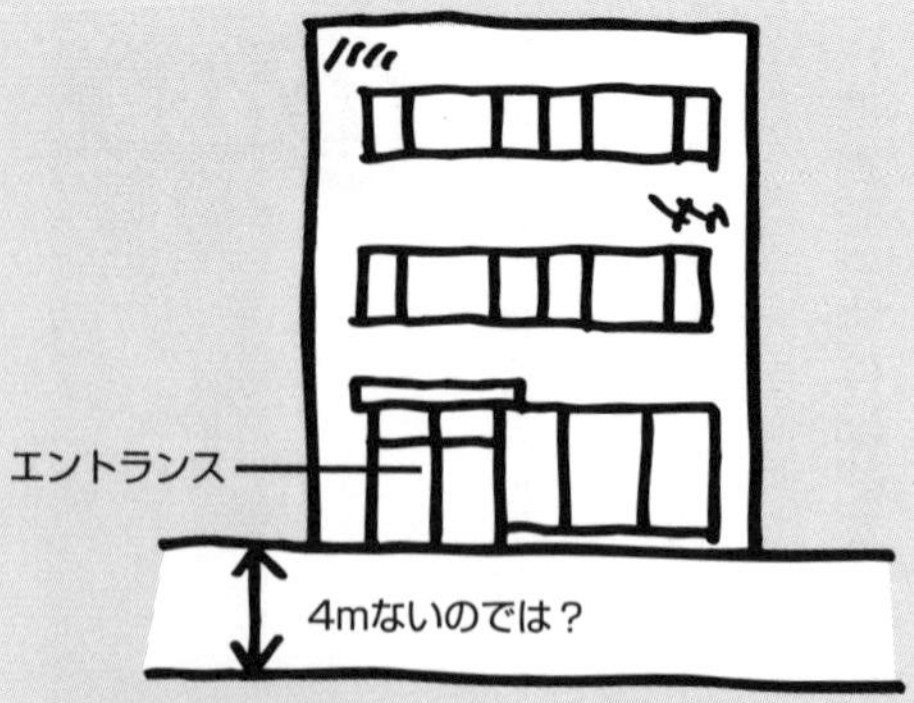

・普通電車停車駅徒歩５分
・物件価額8,400万円
・年収950万円
・土地面積265㎡
・建延面積（建物延床面積）520㎡
・Ｓ造３階建て
・築15年
・１ＬＤＫ15戸
・大学近し

水田さんが取り寄せた物件概要書を見せていただきました。それによって、広告表示以外で次のようなことがわかりました。

私道負担があり、土地の一辺だけが道路に面しています。用途容積は第二種住居地域の２００％のエリアです。検査済証はないようです。戸当り月額賃料は９５０万円÷12か月÷15戸≒５万２８００円です。これは周辺相場から見ても妥当な金額です。でも、今後は古くなっていくとともに値下がりする傾向にあると考えておいたほうが良いでしょうね。そこで、私は、現地で次のことをしっかり見ることをアドバイスしました。

①駅からの距離表示に間違いはないか
②外観から見た修繕の必要性の有無
③駅から物件までの間の利便施設の有無
④エレベーターの有無
⑤近くの大学とはどこか
⑥セキュリティはよいか
⑦周辺地域の土地（更地）の取引価額の聞き取り（地元不動産屋で確認）
⑧地域の将来性をどう見るか
⑨私道負担の面積はどれだけか

早速、水田さんは現地に行かれました。

そして、水田さんが見てきたのは、次のようなことです。

駅からの距離は確かに徒歩5～6分で、広告表示どおりでした。築後15年ですから、外壁の塗り替えと屋上の防水工事も必要な感じがするとのことです。現地から駅までの間に食料品専門のスーパーがあったので、生活の便という点からはプラス要素です。エレベーターなしですから、３階部分の入居者は若い人が対象ですね。「大学近し」となっていますが、その大学まではバスに乗るほど距離があります。しかもそこは女子の短期大学です。

最近では防犯に感心が高まってきており、セキュリティの高いマンションが人気です。しかしながら、この物件は誰でも出入り自由のマンションで、ドアに鍵が一つ付いているだけの一般的なもので、正直なところ女子大生に人気があるとはいえない物件です。それでも現在は満室状態です。どのような方が入居しているのか気になるところです。

土地の間口は約10ｍで、奥行きが約26ｍです。この周辺の土地の実勢価額（取引価額）は65万円／坪で、この物件の更地価額は65万円×80坪＝５２００万円となります。そうしますと、８４００万円－５２００万円＝３２００万円が建物価額ということになります。建物の残存耐用年数から考えるとこの価額は安いようにも思われます。エリアの特性は人口密集地域の下町といった様子のところで、将来への発展性はあまり感じられなかったのことです。私道負担については敷地のどの部分を指しているのか、はっきりわからなかったようです。

これで、かなり物件の様子がわかってきましたね。

そこで、水田さんに購入の意思確認をしたところ、前向きに検討したいとのこと。さらに踏み込んでこの物件を検証していきました。

物件の耐用年数は34年ですから、残存耐用年数は19年です。すなわち融資の借入期間が19年であることを意味します。水田さんの自己資金は2000万円とのことから総投資額を確認する必要がありますね。

物件価額は8400万円（消費税込み）で仲介手数料は約250万円、印紙代が4万5000円、土地の固定資産税評価額が3600万円、建物の固定資産税評価額が2300万円です。そうしますと登記関係費（登録免許税と司法書士への手数料）が65万円。不動産取得税が177万円となります。融資関係費（抵当権設定の登録免許税、司法書士への手数料、融資手数料）は融資額によって変わってきます。ここではまずそれを除いた投資総額を計算します。（8400万円＋250万円＋4万5000円＋65万円＋177万円＝8896万5000円です。そうしますと8896万5000円－2000万円＝6896万5000円です。仮に融資関係費約40万円を含め7000万円を借入れするとします。7000万円÷8936万5000円≒78％ですから自己資金率は20％を上回ります。〝NOI〟が年間840万円ですからキャップレートは9.4％です。

これなら借入れは可能かと思われました。でも、水田さんの取引銀行ではこの物件を収益還元法による評価で融資を検討してくれません。他の銀行に取引のない水田さんは、私に他の銀行を紹介して欲しいと希望されたのです。水田さんは私の知り合いですが、私は水田さんから相談料をいただいてアドバイスをしているわけでもありませんし、今回は仲介業務もしません。水田さんとはWIN―WINの関係にはなりませんから、「仲介業者の方にお願いしてください」と丁重に断りました。仲介業者はなぜか銀行を紹介してくれないとのことでしたので、結局水田さんはこの物件の取得をあきらめ

優良物件5要素からの評価

総合点12点

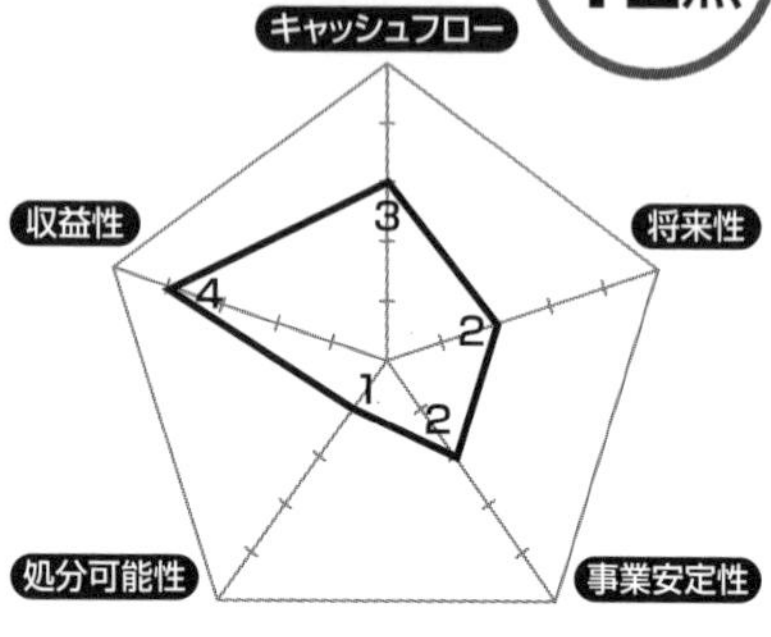

■和合　実の目

（私の考える優良物件は、「収益性」「将来性」「処分可能性」「事業安定性」「キャッシュフロー」の5つの要素に優れた物件です。前著「収益不動産所有の極意」第4章の3に詳しく説明したので、ここでは省略します。前著も参照してください）

ここでは各要素を5段階で評価し、総合25点を満点とします。採点の目安は優5、良4、可3、劣2、悪1です。総合点合格ラインは15点です。読者の皆さんも、ご自身の感覚で点数をつけてみてください。私との見方の違いがわかりますし、今後物件を吟味するときにおおいに参考になると思います。

この物件は違法建築物だと思われます。立地が良ければ別ですが、通常、時間の経過と共に、処分は難しくなります。「売り時は利回りの高い今」というのが売主の見方ではないかと思います。皆さんが売主の立場になってみれば、「今が売り」という売主の心情をきっとわかるのではないでしょうか。

たのです。

融資先を紹介してくれないのは、融資を受けにくい物件なのかもしれません。私の勘ですが、私道負担ありということで、容積率をオーバーした物件であるため紹介しにくかったのでしょうか。この物件がその後売れたかどうかは知りません。

アドバイスをするときは通常物件を見に行くのですが、私はこの物件を見に行きたいとも思いませんでした。

その理由は、この物件の新聞広告を出していたのが、大手銀行系列の不動産仲介専門の会社であったからです。私はこの会社をよく知っています。通常この金額でこの利回りなら、買いたいお客さんを必ず持っているはずです。ここは売主、買主両方から仲介手数料を取るというスタイルでビジネスをしているところですから、新聞広告に出さないと購入客を見つけられない物件というのは、後で何か問題が発生しうるとか、何か訳あり物件ではないかと感じました。「よく知ったお客さんよりは、一見客に買ってもらうほうが良いと考えてのことではないか」と、そのように感じたのです。でもそれは私の穿った見方かも知れません。水田さんには申し訳なかったけど、結果として、水田さんが買わなかったのでほっとしました。

ポイント

1　前面道路が5m以下であれば、容積率200%のエリアでも実際には200%全部を使えません。
　幅員4mなら4×0.4＝160%となってしまいます。

2　大手仲介業者が融資銀行を紹介しないのは、おかしいと思ってみるべきでしょう。

3　築年数の古い物件は、あらかじめ出口を検討しておく必要があります。

Case 2 指値をしたことが……ああ残念

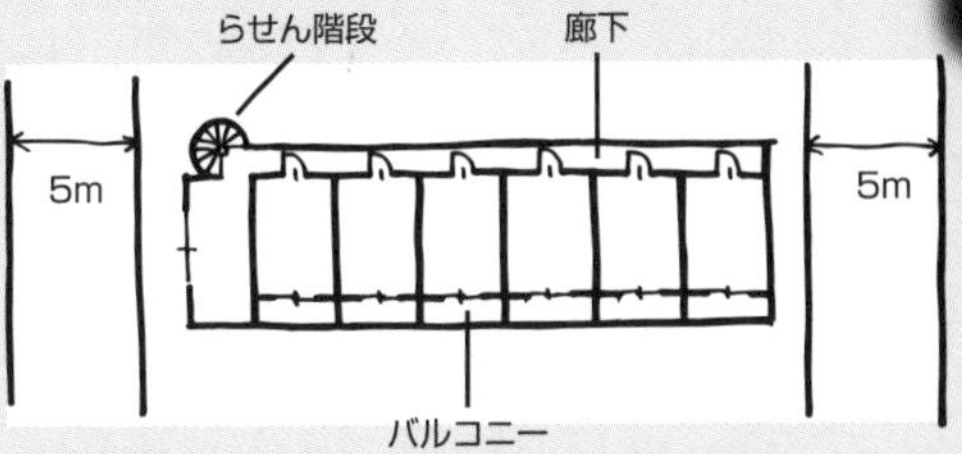

- 普通電車停車駅徒歩15分
- 物件価額9,000万円
- 年収900万円
- 土地面積305㎡
- 建延面積450㎡
- ＲＣ造３階建て
- 築19年
- １ルーム16戸
- 南向き

２年前より収益物件の購入を計画し、探しておられた山田さんが物件を自ら見つけ、私に相談を持ちかけてきました。

利回りは９００万円÷９０００万円＝10％です。これは業者さんがつけた値段かもしれませんね。非常にわかりやすい利回りです。たぶん利回りからの逆算でつけた売却価額だと思います。

物件を住宅地図で確認しますと、このあたりは比較的閑静な住宅地で、関西では準高級住宅街といえるところだと思います。

私は現地に行って物件確認をし、取り寄せた物件概要書を見ながら、前述したようなチェックをしていきました。

間口は8mとそんなに広くはないのですが、土地の前後が道路に面し、道路幅員は共に5m。用途容積は第一種住居地域で200％のエリアです。検査済証はないようです。戸当り月額賃料は900万円÷12か月÷16戸≒4万6875円です。これは周辺相場から見て低いと感じる金額です。入居対象者は若年層（学生を含む）のようです。市内の単科大学にバイクで通う学生が半分以上とのことで、現在空室は1戸です。家賃は値下がり傾向が続いているようです。所有者がこの物件の修繕をほとんど行わないことが、原因とみられます。それは外観を見て気づいたことでもあります。

私は次のようにアドバイスをしました。

この物件のポイントは収益よりも物件価値です。物件価額が9000万円で土地面積が約92坪ですから、97万8000円／坪となります。このあたりの更地の取引価額は80万円／坪ですから、差し引き17万8000円×92坪＝1637万6000円となります。この価額が建物価額としますすと、かなり安いように思います。築19年のRC造ですから、47－19＝28年耐用年数が残っています。そうしますと融資は充分可能な物件です。

購入後は、外装と防水工事費を約300万円とみてリフレッシュ工事を行います。そして少しでも家賃の値上げに挑戦します。戸当り家賃が5万円になりますと年間960万円です。利回り10%で評価するなら９６００万円の価値になったわけですから、３００万円の修繕はするほうがよいということになります。建物対価をおおむね５０００万円とみました。10年間の償却合計額はざっと１５００万円、そうしますと10年後の土地の価額が変わっていなければ、損をしにくい物件ということになります。

人口推移は横ばい傾向にあり、実需の戸建て物件に人気のあるエリアです。10年後でも18年の耐用年数が残っていますので、銀行融資は可能でしょう。すなわち売りやすいということです。あるいは、20年後に建物を解体して更地で売ることも十分検討できる物件です。

今後も入居者に関しては若年者に限定し、解体のときに退去してもらいやすいようなお付き合いをしておくことも、この物件所有の一方策です。両面道

優良物件 5要素からの評価

総合点 18点

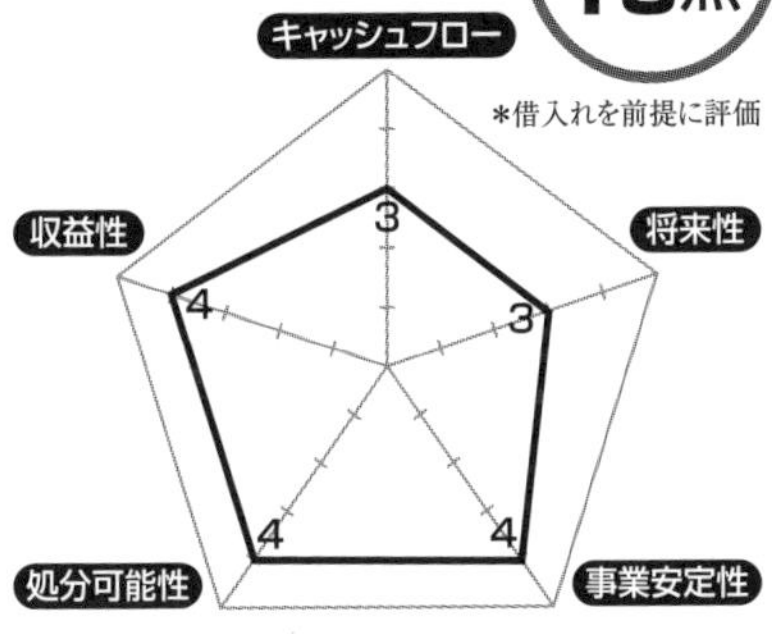

■和合　実の目

この物件の評価は合格ラインを超え、購入してもよい物件と判断しましたが、少しでも安く買いたいという欲が災いしました。物件を気に入った場合は、競合相手の有無を察知し、有りのときは指値もほどほどにという教訓を得ました。

路に面しているので、2分割して売却することもできます。出口が見えていますので、不動産投資で失敗しにくい物件といえます。したがって、購入の検討をしても良い物件だと思います。駅から徒歩15分の物件ですから、誰もがすぐに飛びつく物件ではありませんが、冷静に判断すると悪くはないのです。ポイントは10年後を目標に出口を考えながら所有するということかと思います。

そんなことで、山田さんも購入に前向きになってきました。でも、もう少し安く買えないものかと思い、８５００万円で指値をし、融資条件付で購入申し込みをされたのです。同時に、この物件を８８００万円で購入申込みをされた方がいて、売主としては条件のいい後者の方と契約されることになりました。結局、山田さんはこの物件を買えなかったのです。

「買う決心をして買えないとなると、妙に惜しくなるものだ」と山田さんは残念がっていました。「思い切って９０００万円で買い付けを出しておけば良かった」とも思われたようです。それなら最初から満額で買う意向を伝えるべきであったかも知れません。

悪いことではないのですが、「値切って買う」というのが関西人の気質のようです。しかし、後悔するぐらいなら値切りもほどほどにということですね。物件を買う気があるのに実際は買えていない方に、この傾向が強いように私は感じています。

ポイント

1　リフレッシュ工事をすることで、家賃の値上げが見込める場合は、利回りが上がる（資産価値がＵＰする）わけだから積極的に検討しましょう。

2　駅から少し遠くても両面道路に面している土地は、更地にして分譲宅地として分割売却することも可能だから、出口の幅が広がります。

3　ＲＣ造なら所有後10年経っても融資のつく物件の方が、売却はよりしやすくなります。

4　指値は競合の有無を考えてしましょう。

Case 3 売主瑕疵担保責任で助かりました

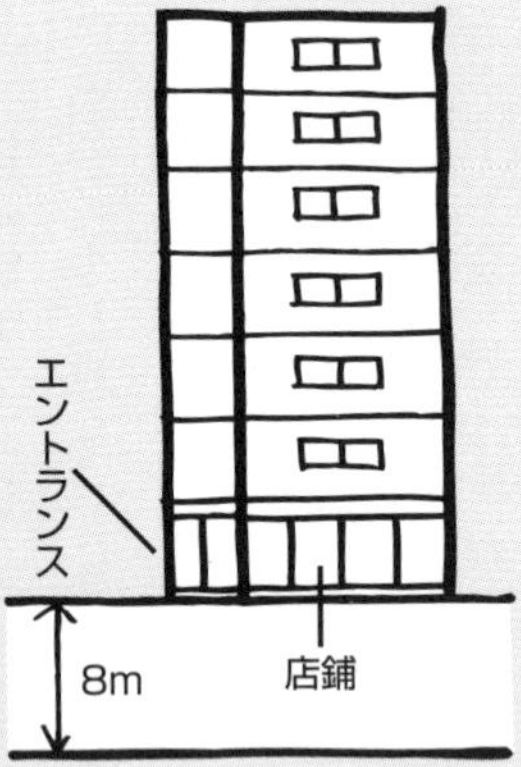

- ・普通電車停車駅　３駅利用可、各々徒歩10分以内
- ・物件価額8,600万円
- ・年収840万円
- ・土地面積63㎡
- ・建延面積300㎡
- ・用途容積　商業地域600%
- ・前面道路８ｍ
- ・ＲＣ造７階建て
- ・築９年
- ・１LDK６戸＋店舗１戸
- ・エレベーターあり
- ・南向き

この物件に興味をもたれたお客様、木内さんに対して私は次のようなアドバイスをしました。

利回りは、８４０万円÷８６００万円≒9.8％です。これは平成16年に木内さんに購入していただいた物件です。この物件の特徴はまず立地がいいことです。大阪市内のビジネスエリアではありますが、住居も増えて特にワンルームマンションが増加傾向にあり、人気エリアになってきています。近くには大きな公園や商業施設もあって、地価も上昇傾向にありました。

ところで、失敗しない不動産の所有のポイントは出口の見極めです。

この物件は数年経てば、損をせずに必ず売れると判断しました。住居専有面積も平均33㎡あり、今後も競争力を保てる広さです。物件の検査済証はありです。店舗の月額賃料は18万円で、住戸の戸当り月額賃料は（840万円－216万円）÷12か月÷6戸＝8万6666円です。これは周辺相場より低いぐらいの金額です。入居対象者は単身のビジネスマンが多いようです。現在空室は1戸です。家賃に値下がり傾向はありません。外観は土地が狭いのでペンシル型となっています。各階1住戸です。この物件の所有者は不動産業者で、瑕疵担保責任が2年付きます。

この物件で注目すべきは安定収益と物件価値です。物件価額8600万円に占める土地価額を計算します。土地面積は約19坪です。このあたりの更地の取引価額は容積率100%当り60万円です（これを1種単価といいます）。前面道路幅員が8mのため、実際に使える容積率は8m×0.6＝480%となります。すなわち60万円×4.8種＝288万円／坪となり、19坪×288万円＝5472万円が土地の評価です。8600万円－5472万円＝3128万円、これが建物価額となります。

建物が新築ならば、建築費総額が6500万円以上になると計算できます。だから、築9年で建物評価3128万円は割安です。築9年のRC造ですから47－9＝38年耐用年数が残っています。したがって、融資は充分可能です。でもこの方はあまり収益を生んでいなかった土地を売却され、現金をお持ちでしたので、購入に際して融資を必要としません。また土地の売却益に対する納税額を抑えるため、税務上の買換特例を使うことも検討されていました。

購入に際しての資金の問題はありませんから、売主さんからいえば、融資条件を付けない木内さんというのは上客筋になります。そこで1室空いていることや、敷地面積が小さいこと、屋上防水工事も近いうちにやらないといけない等の理由を述べ、8300万円の指値をし、この金額で了解を得て契約引渡しとなりました。

優良物件
5要素からの評価

総合点 21点

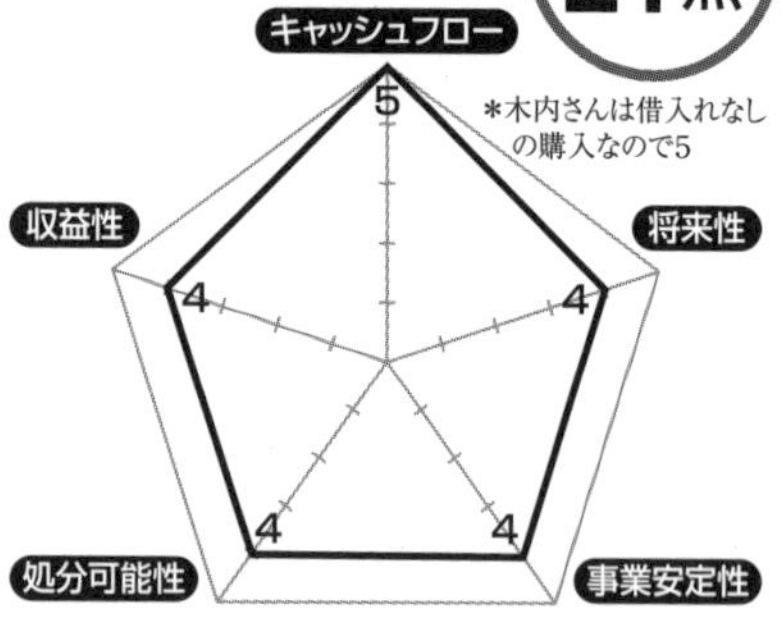

■和合　実の目

木内さんの場合借入れはありませんし、他からも不動産収入を得ておられ、すでに十分な所得もおありですから納税額も高額です。そこで収益性よりも将来性に重点を置いて物件を探していました。この物件は立地が良いので紹介しました。

後日この物件の最上階で雨漏れが発生しました。でも引渡し後2年以内であったため、売主さんの費用負担で屋上防水工事をしていただきました。買主さんにとってはある意味ラッキーでした。今ではこの物件周辺エリアの土地価額は70万円／種になっていますので、坪単価は80万円／種×4.8＝３８４万円、約35％のアップです。

この物件は、10年以上持っていても問題はありません。仮に所有期間中にインフレになっても、インフレ率以上に物件価額は上がっていくであろうと思います。賃料も上げることのできるエリアであり、その家賃負担のできる人が入居するであろうと思える物件です。

当初3名の方にこの物件をご紹介させていただきました。でもあまり良い反応がなかったのです。その理由は単に「もっとほかに良い物件があるだろう」と、思われてのことでした。その方々はあれから2年経過した今でもまだ良い物件を探し続けておられます。今になってならこの物件価額なら買いたいと思われるのです。

すなわち、買う側に必要なことは、物件との縁をどのように感じるかです。この感性のない方はいつまでたっても優良物件を買えないのです。たとえ買えても、買ってから後悔するのではないかと思います。買わない理由を見つけるのが上手な人は多いのですが、買う理由を見つけられる人は少ないと感じています。

ポイント

1　土地の価額上昇傾向エリアで物件購入を検討しましょう。
2　インフレになったときのことも考え、賃料ＵＰの見込める物件を選択しましょう。
3　売主が宅建業者の場合は、２年間の瑕疵担保責任を要求できます。
4　当該物件の現在よりも将来を想像して、購入を検討することも重要です。

Case 4 ノンリコースローンをご存知ですか

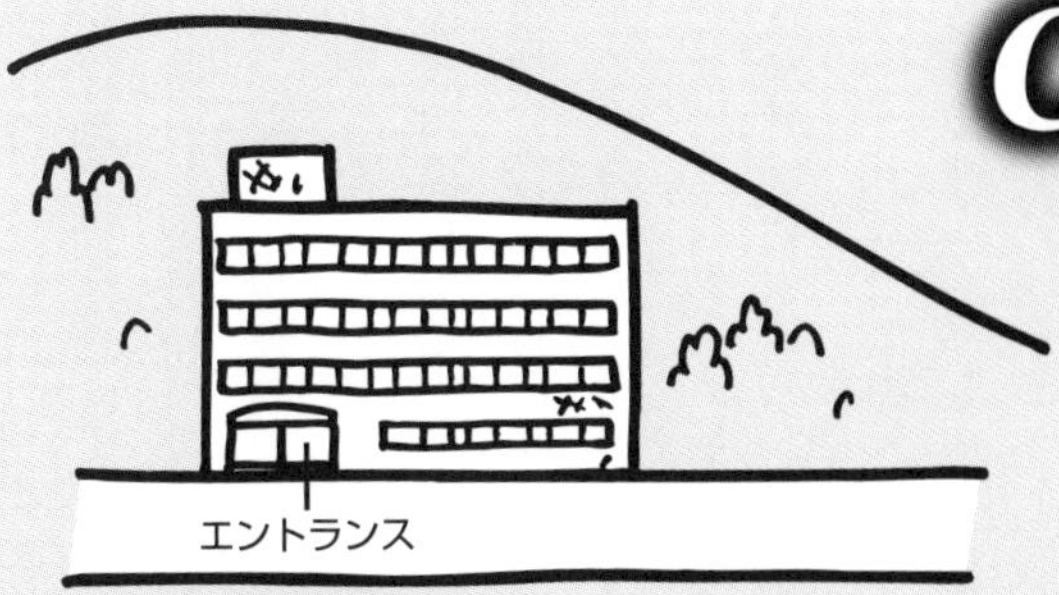

・普通電車停車駅徒歩12分
・物件価額１億8,000万円
・年収1,780万円
・土地面積668㎡
・建延面積1,274㎡
・ＲＣ造４階建て
・築20年エレベーターあり
・２LDK
・19戸
・南向き

この物件に興味をもたれた堀口さんから相談に乗って欲しいといわれ、概要をお聞きしました。私がどのようなアドバイスをしたかを説明します。

利回りは１７８０万円÷１億８０００万円≒9.9％です。この物件は銀行員の方からの紹介でした。以前より「収益物件が出てきたら紹介してください」と、堀口さんはその銀行員の方に依頼をしていました。融資については「物件価額相当額をお貸しします」という条件も提示されていました。必要な自己資金は仲介手数料、登録免許税等の不動産取得にかかる費用です。およそ1200万円です。自己資金についての問題はありませんでした。

物件概要書を見せていただいたところ、そこには写真が貼られてあり、当該物件は高台の見晴らしの良いところにあります。すなわち、ちょっと坂道を登っていかないといけないわけです。用途容積は第一種中高層住居専用地域で200%のエリアです。検査済証はありました。戸当り月額賃料は1780万円÷12ヶ月÷19戸≒7万8000円です。これは周辺相場から見ても妥当な金額です。

現地に行き、物件調査にかかりました。周辺環境は非常に静かな住宅地でした。回りにも多くの分譲マンションが立ち並んでいます。入居者には比較的若い世帯が多いということです。すなわち入居者の入れ代わりが案外多いのかもしれません。築20年ですから、年配の方がいてもおかしくはありません。しかし、坂道は高齢になってくるとつらいものですから、出て行かれるのかも知れませんね。今後古くなるとともに家賃は値下がり傾向かもしれません。でも人気エリアですから、安定的にニーズはあると思われます。

外観からみて修繕の必要性は感じませんでした。数年前に大規模修繕がされているようです。屋上についても防水工事は実施済みです。近くには有名中学・高校があり、遠方からの入居申込みがあります。子供が就学中はここにいて、卒業したら出て行く人も多いのではないかと推察されます。駅から物件までの間の利便施設には病院、スーパー、郵便局が目に留まりました。

玄関はオートロック方式でセキュリティを高めています。周辺地域の土地（更地）の取引価額の聞き取り（地元不動産屋さんで確認）をしたところ、大体70万円とのことです。そうしますと、この物件の土地価額は202坪×70万円＝1億4140万円です。物件価額が1億8000万円ですから、建物価額は1億8000万円－1億4140万円＝3860万円となります。これは非常に安い金額です。建物価値は1億円でもおかしくはありません。土地の間口は約20ｍで奥行きが約33ｍです。地形も悪くはありません。

そこで堀口さんに購入の意思確認をしましたところ、前向きに検討したいということでしたので、さらに踏み込んでこの物件を検証していきました。

物件の耐用年数は47年ですから、残存耐用年数は27年です。それは融資の借入期間が27年であることを意味します。今回堀口さんは諸費用のみを自己資金で賄うとのことです。総投資額を確認します。物件価額は1億8000万円（消費税込み）で、仲介手数料は約500万円、印紙代が8万円、土地の固定資産税評価額が8000万円、建物の固定資産税評価額が7000万円です。そうしますと登記関係費（登録免許税と司法書士さんへの手数料）が235万円。不動産取得税が330万円となります。1億8000万円の融資関係費（抵当権設定の登録免許税、司法書士さんへの手数料、融資手数料）は430万円です。その内、融資手数料は340万円です。ちょっと高いけれどそれには訳があります。その理由は後ほどお話しします。

ここで投資総額を計算してみましょう。1億8000万円＋500万円＋8万円＋235万円＋330万円＋430万円＝1億9503万円です。融資額は1億8000万円ですから、1億9503万円－1億8000万円＝1503万円が自己資金の額です。〝NOI〟は年1450万円とみますと、キャップレートは1450万円÷1億9503万円≒7.4％です。借入金利は1.7％の変動金利で、借入期間は25年です。月額返済額は約74万円、年間約888万円です。そうしますとキャッシュフローは年に1450万円－888万円＝562万円ということになります。私はデフォルトへの対応の準備のできていない方には、ほとんどの場合、物件価額全額を借入金で賄う手法をとることに賛成はしません。借入れに際しては保証人も必要になりますし、将来不測の事態に襲われたときのことを心配するからです。

しかし、今回は賛成をしました。なぜなら今回は保証人も必要ありませんし、当該物件を担保とするのみで、万一の場合はこの物件を手放すだけでいいのです。そんなうまい話があるのかと思われるかも知れませんが、それは本当です。仮にそれでも残債額の返済ができなくとも債務は免除されるという「責任限定特約」の付いた融資を受けられるからです。これには私も最初は疑っていたのですが、銀行の方に説明を受けて確認できました。これはすごいことです。ある意味、「収益は投資家に、リスクは銀行に」ということです。ただし、この融資を受けるには、融資手数料として融資額の2%弱が必要です。原則、借りる人は誰でもOKということです。すなわち、「銀行は人を見ているのではなく、物件価値（収益性を含む）そのものに対して融資をする」ということなのです。銀行の「お墨付き物件」ということですから、この融資を受けられる物件を購入されるのであれば、堀口さんでなくともほとんどの場合止める理由はなくなります。ということで、堀口さんにはその旨アドバ

優良物件
5要素からの評価

総合点 19点

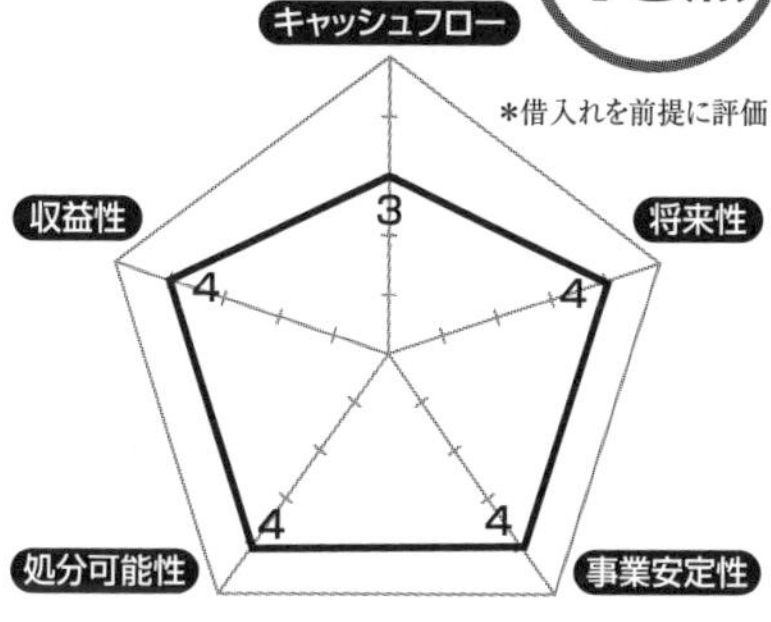

■和合　実の目

この物件は銀行のお墨付き物件です。こんな物件を皆さんにご紹介できれば良いのですが、数は少ないのです。

また、どこの銀行でもこのような融資をしているわけではありません。いずれは同じような融資スタイルになっていくかもしれませんが、そのときは物件を見つけるのが今以上に難しい状況になっていると思います。不思議なことに、この融資を扱っている銀行の銀行員ですら、このような融資があると知らない人がいるということですから、一般の人が知らないのも当然といえます。

イスをしました。こんな融資があるとは私も知りませんでした。

「このような融資があるなら最初からこれを利用していれば良かった」と思われる方もあろうかと思いますが、これはまだ新しい形態の融資で、２００５年以前に融資を受けた方は残念ながらなかったのです。「それならせめて借換えしたい」と思われても、それもできません。この融資は購入当初からしか利用できないのです。ですから今後購入予定の方は利用されると良いと思うのですが、この融資が利用できる物件は一定の条件をクリアしないといけません。その条件に当てはまらないと、いくら融資を頼んでも通らないということもお伝えしておきます。（最近では、物件価額の10％〜20％の自己資金を要求されるケースもあります。）

この融資が利用可能な収益物件の紹介を受けた人は、まだごく少数ではないのでしょうか。もし、この融資を受けて物件を手に入れても、一点気をつけていただきたいことがあります。それは、返済が進んでいくと所得税・住民税により、キャッシュフローを圧迫するときが必ず来るということです。そのときの対応の仕方をあらかじめ考えておけばより安心ですね。

ポイント

1　坂道の多いところは、高齢の入居者にはつらい物件です。入居者は若年層が対象と考えましょう。

2　学校区の良いエリアは、子供の就学期間中だけ入居するというニーズも考えられます。

3　融資手数料は高くても、ノンリコースローンはデフォルトの場合でも他の財産に遡及しないのでお勧めです。ただし、その分融資条件のハードルは高くなっています。

第2章

アパート一棟物件の見方

私はあまりアパート物件をお勧めしたことがありません。それはアパートが嫌いだからではなく、関西では売り物件自体が相対的に少ないのと、私が良いと判断できる物件が少ないからです。そんな中でも私が関わったアパート物件を紹介しましょう。

Case 1 あきらめていた物件が買えちゃいました

この物件に興味をもたれたのは谷尾さんです。谷尾さんはサラリーマンで、収益不動産を買うのも初めてなら借金をするのも初めてという方です。この物件の検討過程を述べていきましょう。

利回りは410万円÷5000万円＝8.2％ですね。物件所在地は阪神間の閑静な住宅街にあります。もともと独身寮として企業が所有していたものを、業者さんが転売目的で購入された物件でした。駅にも近く神戸、大阪へ通勤するにも便利な準高級住宅街です。現

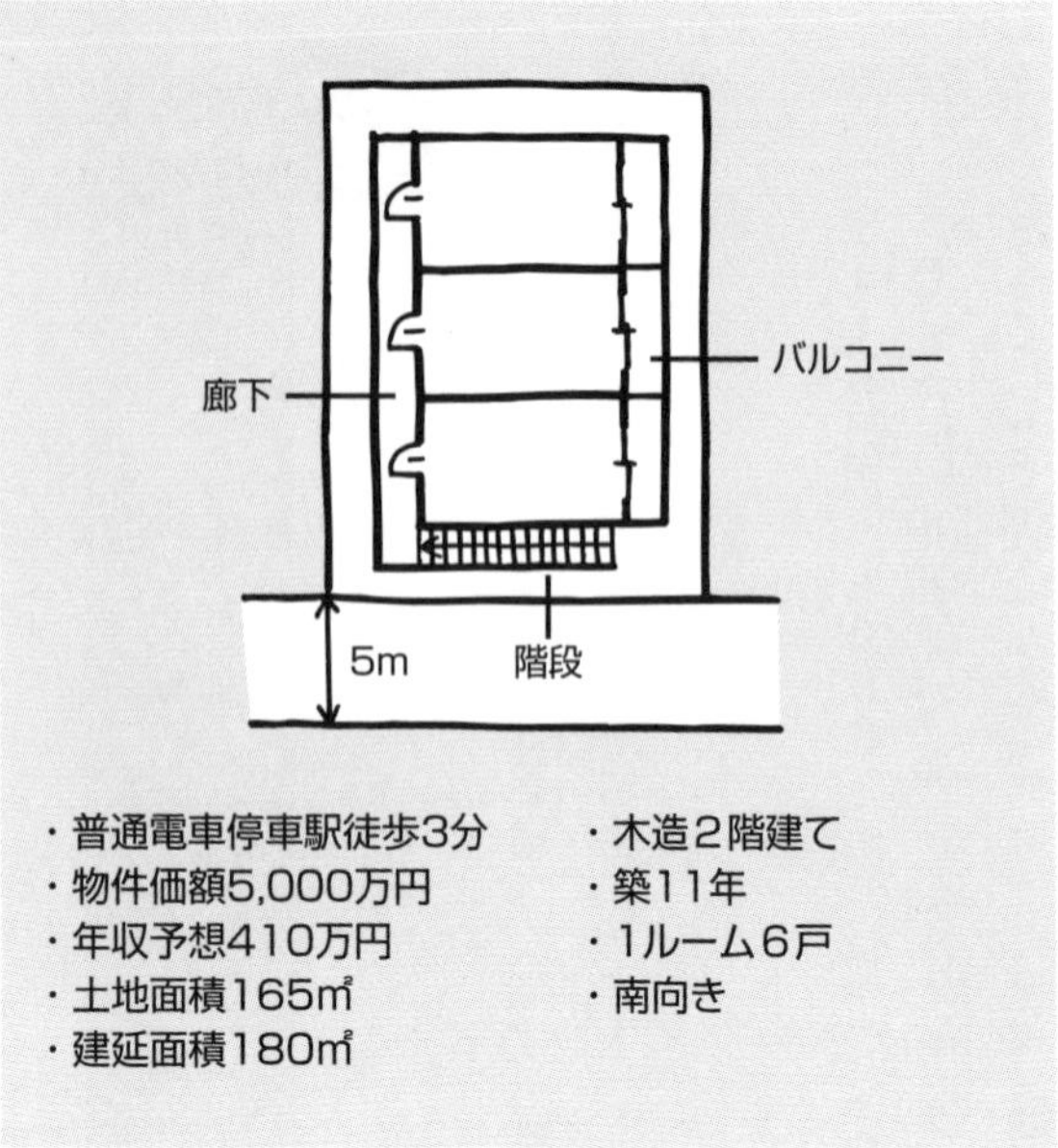

地に行って物件確認をし、物件概要書を見ながらチェックをしていきました。

間口は約10m、土地の一方が道路に面し、道路幅員は5m。用途容積は第一種中高層住居専用地域で200%のエリアです。検査済証はありません。

戸当り月額賃料は410万円÷12か月÷6戸≒5万6900円です。これは周辺相場のようです。

入居対象者は、元所有者であった企業の社員の方と独身サラリーマンのようです。現在空室は2戸。このエリアの家賃は横ばいか、値下がり傾向です。物件の外観は比較的きれいに感じました。空室があるのは売主が入居者募集をしていないためで、購入者が自宅として、いつでも改築できるようにするためでもありました。

私は次のようなアドバイスをしました。

この物件のポイントは借入れです。物件が木造であるため耐用年数は22年です。経過年数が11年ですから借入期間は最長11年ということになります。家賃収入での返済となりますと、借入金額を3000万円ぐらいに抑えなければ、銀行は融資をしてくれない可能性があります。

物件価額の5000万円を土地面積（50坪）で割りますと、100万円／坪となります。このあたりの更地の取引価額は85万円／坪ですから、建物価額は750万円となります。すなわち、この物件は出口優先で、購入を検討すれば良いということです。物件周辺は一区画50坪の居宅の立ち並ぶエリアですので、更地にすれば相場で必ず買手は見つかります。

早速谷尾さんも物件確認に行かれました。谷尾さんのご自宅はここから1時間半は優にかかるところですので、あまり土地勘はありません。それでも今まで購入を検討された物件の中ではかなり良い印象を持たれたので、不動産購入申込書を書くことにされました。ただし、融資条件付です。全額手持ち資金で買うことはできない状況ですので、融資申込みをされることになりました。

自己資金2000万円は用意できるのですが、仲介手数料や登記関係費等諸経費分もできれば借入れで賄いたいと考えておられましたので、3150万円の融資を銀行に申込まれました。しかし、銀行の提示した融資額は3000万円にも届かず、しかも自宅まで担保に入れることを要求されました。谷尾さんはご家族と相談され、結局この物件をあきらめることにしました。

谷尾さんには別の物件をお勧めしましたが、どうも「帯に短し襷に長し」という感じで、気に入ってはいただけませんでした。

半年ほど過ぎたある日、谷尾さんから、「例のアパートはどうなりましたか」と電話がありました。いったん流した物件のことはフォローすることもなく、正直すっかり忘れていました。

売主の仲介業者さんに尋ねてみましたが、その業者さんもどうなったかご存知ありませんでした。翌日その業者さんから「あの物件はその後も売りに出していたのですが、なかなか融資条件が厳しく、購入見込客からの反応もなかったので、いったん売り止めにして残っている。」という返事がありました。その旨を谷尾さんに伝えると、「ぜひもう一度購入の検討をさせて欲しい」と、私に融資の斡旋を依頼されたのです。

そこまで気に入っていただいているのに、黙ってみているわけにはいきません。早速親しくさせていただいている大手銀行の支店長さんに相談しました。

そのときは物件概要書、土地建物の登記簿謄本、固定資産税評価証明書、谷尾さんの3年分の源泉徴収票、住民票、融資申込額を基にした返済予定表、購入に際して必要な諸経費額、自己資金を証明できる預金残高表、また万が一債務不履行になった場合は、谷尾さんが退職時に勤務先より出る退職金で全額返済が可能であることなどをまとめ、審査をお願いしました。融資審査の必要書類は整っていますので、快諾していただけ、審査期間として2週間待つことになりました。ただ融資条件として「法定相続人に保証人になっていただくこともあります」と言われたことを谷尾さんに伝えました。それには、谷尾さんもやむをえないと考えておられました。

審査結果を待つ間、物件価額の値交渉に入りました。売主さんは当該物件が融資の難しい物件であることを認識されています。そこで、融資の申込額が3000万円で後は自己資金を充てること、融資が通ればかならず購入すること、買主さんのこの物件に対する思い入れなどを話しました。結果300万円の値引きの了解を取りつけ、4700万円で契約することを約束していただきました。

3000万円融資を受けた場合、月額返済額は約27万円です。管理費を考慮すると満室になって初めて家賃が少し手元に残る勘定です。それでも、谷尾さんは、この物件から得られる収入を当てにされていたわけではなく、10年後を楽しみにして物件購入を決意されました。２週間後、その銀行からは借入期間10年で、３０００万円満額融資可能と返事がありました。融資条件として、保証人は奥さんのみとなり、また当該物件のみを担保とし、団信（保険）にも入ることが可能となったのです。これを聞いて谷尾さんの顔から笑みがこぼれました。

ひとくちメモ

団信とは団体信用生命保険のことで、通常保険料は金利上乗せ分で支払われます。その額は大体0.2％～0.3％の金利相当額です。この保険の特徴は本人が死亡した場合に、融資残高分の保険金が支払われ、それで返済を完了するようになっていることです。万一のときにも相続人には負債が及ばないようになっているのです。最近では、癌対応型というのもあり、本人が癌に罹った場合は返済不要になるという保険も登場しています。

優良物件5要素からの評価

総合点15点

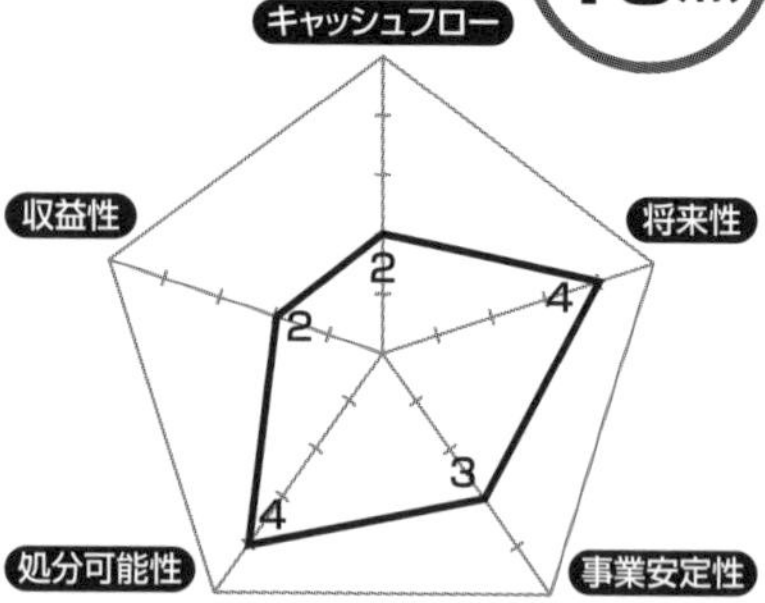

■和合　実の目

この物件は谷尾さんのお考えのように、10年後を楽しみにして所有する物件です。年々の家賃収入よりもキャピタルゲイン狙いになります。関西では住宅地として人気エリアにあるアパート物件の利回りは低いのです。これが関西のアパート物件の実情といえます。

ついに谷尾さんはこのアパートを手に入れられました。

谷尾さんのこの不動産に対する思い入れ（愛情）が、いい結果につながったのだと思いますね。今回のケースでは、この不動産が、谷尾さんを買主として選んだのではないかと、私は感じました。

さて、谷尾さんは購入後すぐに空室のリフォームに着手し、入居者募集をされました。当初、返済には手元資金の持ち出しがありました。しばらくして満室となり、でもまた退去があったりと、思うようにはなかなかいかないようです。それでも2年前の評価では土地が85万円／坪でしたが、今では100万円／坪になっていますので、当初の目的どおりの所有法を貫かれたらいいのではと思います。

ただ谷尾さんの場合、初めての賃貸経営ですから、いろいろ戸惑うこともあるようです。私のところにも時々お電話くださって、「持ってみないとわからない不動産所有の気苦労はありますね」と述懐されていました。谷尾さんにはそれに気遅れしないで、不動産所有の喜びを感じていただきたいと願っています。

ポイント

1 出口は、戸建て用地として売却を想定します。立退き交渉も、ワンルームならファミリー物件に比べて容易です。

2 10年後を楽しみに購入する物件もあります。家賃は借入金の返済に充当し、残れば使わず貯蓄し、まとめて繰上げ返済します。これは定年退職時の生活資金の手当てを最優先に考えた投資手法です。

3 借入時には万一に備えて団信への加入をお勧めします。最悪のケースでも家族に迷惑をかけない不動産投資を心がけてください。

Case 2 売れにくい事情が見えてきましたね

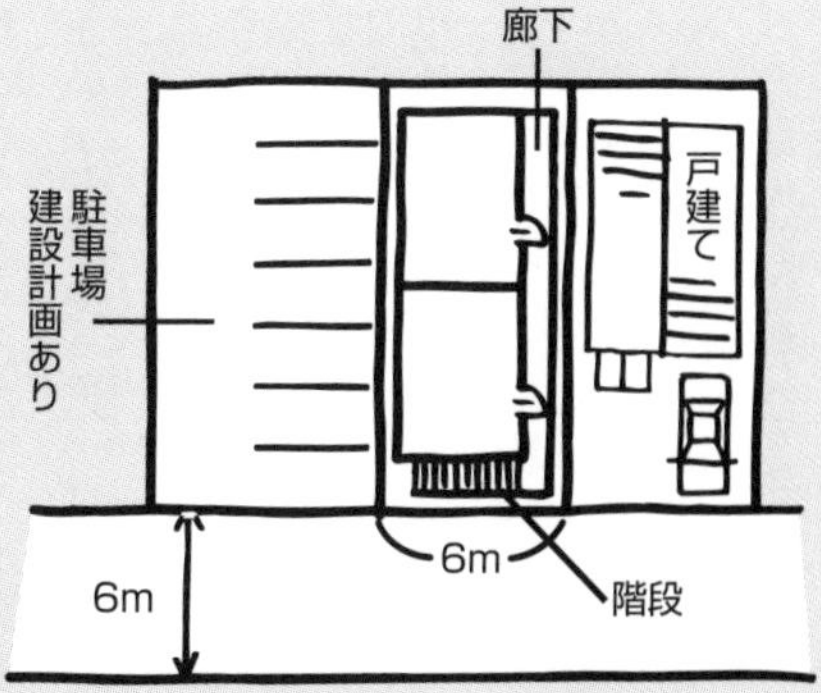

・普通電車停車駅徒歩2分
・物件価額2,600万円
・年収予想250万円
・土地面積130㎡
・建延面積152㎡
・木造2階建て
・築25年
・1DK4戸
・西向き

まず手ごろな物件価額に惹かれた中本さんから相談があった物件です。

中本さんはずっとアパート物件限定で探してこられましたが、なかなか気に入った物件が見つからず、探し始めてから1年が経過していました。サラリーマンの中本さんは収益不動産に関する本を読み、それなりに知識を得られていました。しかし、まだ収益不動産の購入経験はありません。アパートにこだわられたのも読まれた本の影響のようです。自己資金は3000万円持っておられたので、「買えないということはない」と、自らもそう思って物件探しをされてきたのです。でも、物件との巡り合わせがうまくいかず、不動産価額も上昇傾向となり、買うタイミングを逸することになるないかと、少々焦っておられました。そんな中本さんから私に「買い側の仲介に入って欲しい」と、購入の相談を受けたのがこの物件です。利回りは２５０万円÷２６００万円≒9.6％です。早速物件調査にとりかかり、中本さんには次のようなアドバイスをしました。

現地に行ってみると、物件は住宅と小規模倉庫等の混在エリアにありました。日中なのに人通りが少なく、駅にも近いのですが、その駅前も閑散としています。物件概要書を見ながらチェックをしていきました。間口は約６ｍ、土地の一方が道路に面し、道路幅員は６ｍ。用途容積は、第一種住居地域で２００％のエリアです。検査済証はありません。戸当り月額賃料は２５０万円÷12か月÷４戸≒５万２０００円です。古い建物の割には賃料が高いように思えました。その物件には入居者募集の看板が掛けてありました。現在空室は2戸です。家賃は今後値下がり傾向にあると判断しました。

物件の外観はお世辞にもきれいとはいえません。これでは空室はなかなか埋まらないように感じました。隣は駐車場で明るいのですが、ここにはいずれ建物が建つと見ておいたほうがよさそうです。そうしますと両方の建物に挟まれ、間口が狭いですから、将来仮に建替えるとしても採光の取りにくい建物になります。

この物件は木造で償却年数を超えていますから、基本的に融資は不可です。そうしますと現金買いの人が対象となります。物件価額の２６００万円を土地面積（約40坪）で割ると、65万円／坪となります。このあたりの更地の取引価額は70万円／坪ですから、更地よりも安いということになります。

しかし何故そこまで売値を下げて売りに出しているのか、その理由を調べてみる必要がありそうです。考えられることは、間口が狭い分安い、解体費を引いている、入居者が入らない、修繕費がかかるといったところでしょうか。

私自身もこの物件価値をどう判断したらよいか、少々迷ってしまいました。会社帰りにもう一度日を変えて見に行きました。そうしましたら、たまたま、そこの入居者の方が出てこられたのです。見るからに怖そうな方です。どう見てもサラリーマンには見えません。これも原因かと思いました。翌日この周辺にある不動産屋さんに電話をかけ、この物件の購入を検討しているふりをして尋ねてみました。この不動産屋さんは売主とは何の関係もないということで、知っていることを快く話してくれました。
① この物件は長い間入居者募集をしていること
② 隣の駐車場で建築計画のあること

③　住宅地としては駅には近いが人気がないこと

④　金額は決して安くはないこと

おまけに、その物件を買うのならもっといい物件を紹介しようとセールスされたので、そこは丁重にお断りしました。すなわち、この物件は表面上、金額的には安く見えても問題物件だということです。かなり不動産賃貸に手馴れた人でないとむずかしい物件ということですね。

私は、そのことを中本さんに説明し、「お勧めはしません」と正直に伝えました。中本さんは今度こそ買おうと思っておられたので、非常に残念がっていました。でも、購入してから後悔するかも知れない物件です。「それでも中本さんが購入したいと思われるのでしたら仲介はしますが、もし購入されて何か問題が出てきた

優良物件
5要素からの評価

総合点
13点

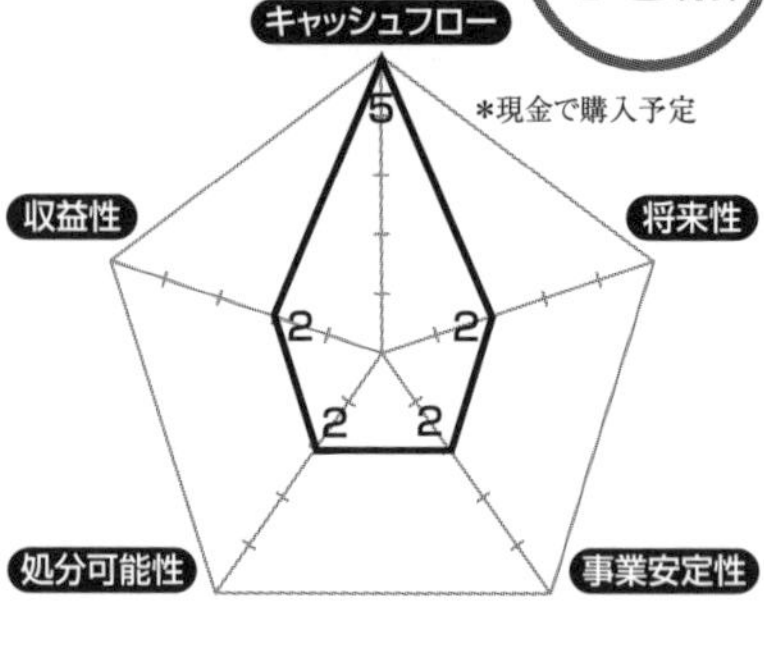

■和合　実の目

現入居者に変な人がいますと、空室があってもその噂で新しい人には入ってもらえないだけでなく、入居中の人まで出ていくことが考えられます。それに物件価額が手頃で買いやすいのに、流通物件として残っているというのは何かあると考えるべきです。手を出さないほうが無難かと思います。

ときに、私は相談にのる自信はありません」と申しましたら、やっとあきらめる決心をされました。

私は、この物件を見送って正解だったと思うのですが、読者の皆様はいかがお感じになりましたか。その後も中本さんは物件を探していますが、いまだに、気に入ったアパート物件は見つからないようです。

ポイント

1　流通物件では、割安のものにはそれなりの理由があると考えてください。
2　間口の狭い物件は、間口の広い同面積の物件より資産価値としての評価はかなり低くなります。
3　入居者情報を自ら確認することも大事なことです。入居者に問題があるため売却されるケースもあるのです。
4　隣接地が駐車場等空地の場合は、将来的に建物が建つことを想定して物件価値を算定します。

Case 3
売主さんと直取引、あなたならどうします？

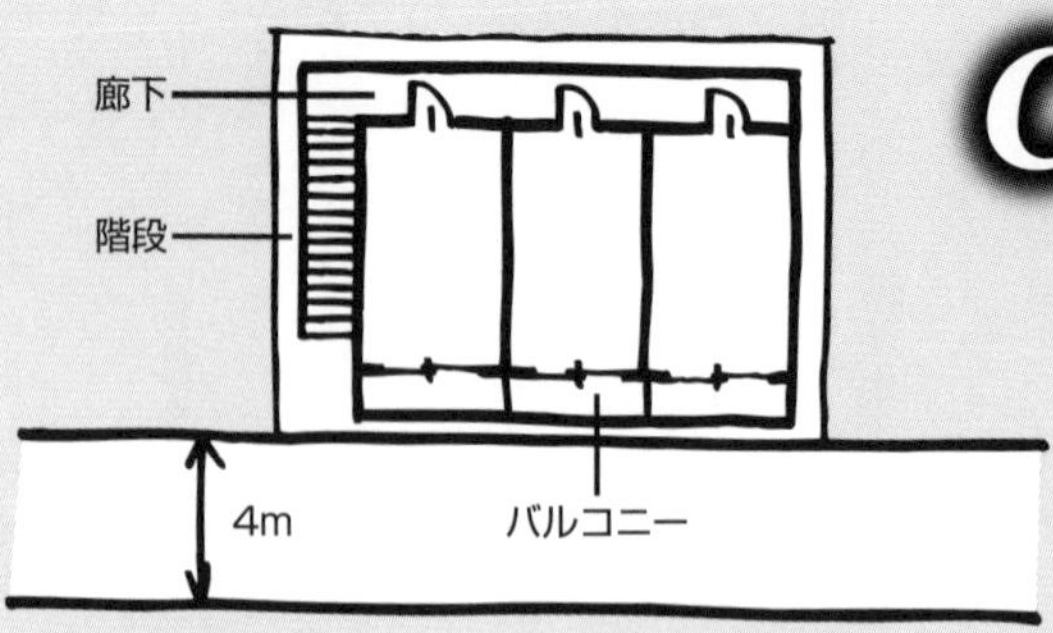

・普通電車停車駅徒歩８分
・物件価額3,200万円
・年収300万円
・土地面積152㎡
・建延面積174㎡
・木造２階建て
・築10年
・１ルーム６戸
・北向き

この物件は、以前私が仲介をさせていただいたことのあるお客様、吉川さんが旧知の方より、「できればこの物件を買って欲しい」と頼まれたようで、私に「購入を決める際の注意点を教えてください」と、相談を受けた物件です。

吉川さんとは今後のお付き合いもありますから、相談にのらせていただきました。

しかしこのときは特に忙しく、一緒に物件を見にいく時間がとれないことを承知していただき、吉川さんに私がいろいろ質問する形で、アドバイスしました。

利回りは300万円÷3200万円≒9.4％ですね。物件所在地は、大阪からは1時間以上かかる住宅街にあります。売主の工務店の社長さんが、自社で建てて所有していたものです。売却理由は、高齢となり廃業して故郷に帰るためということでした。物件の写真を見ると、良く手入れの行き届いたアパートのように見えました。駅までにスーパーもあり、生活の利便性はよいと判断されていました。周辺は戸建ての住宅街です。間口は約15m。土地の一方が道路に面し、道路幅員は4m。用途容積は第一種住居地域で200％のエリアです。検査済証はあります。

戸当り月額賃料は300万円÷12か月÷6戸≒4万1700円です。これは周辺相場どおりです。入居対象者は学生と独身サラリーマンのようで、現在満室です。家賃は横ばい傾向です。

私は吉川さんに対して質問を始めました。

和合「この物件の出口をどうお考えですか」

吉川さん「物件は木造ですが、手入れをしながら、できればあと20年は貸し続けたいと思っています。出口は償却が済んでから考えます」

和合「購入に際して借入れはお考えですか」

吉川さん「いいえ、手持ち資金で買う予定です」

和合「建物と土地の割合を決めて取引をされるのですか」
吉川さん「はい。ほぼ土地建物同額で取引する予定です」
和合「償却額が多く取れますと後の処分が楽ですね」
吉川さん「それもこの物件の魅力と感じています」
和合「今後このエリアは人口増加が見込めますか」
吉川さん「人口の増えるエリアとは思いませんが、周辺にワンルームのアパートが少なく、あまり今まで長く空室になったことがないようですので、賃料次第でニーズはあると考えています」
和合「売主さんとは面談されましたか」
吉川さん「はい。会いました。売主さんは、この物件の管理も自らされてきたとのことで、かなり愛着を持っておられました」
和合「この物件で問題が起きたときはどうなさいますか」
吉川さん「管理会社を入れますし、弁護士の知り合いもいます。問題は解決できると思っています。仮に損をすることがあっても何とかできる範囲と思っています」
和合「お気持ちは購入に固まっているようですね。それでしたら契約書案ができましたら、それをチェックしますからお持ちください」

吉川さん「わかりました。ありがとうございます。購入を決心しましても、何か見落としてはいないかと思って相談させていただきました」

吉川さんとは以上のような会話をかわし、物件の購入意思が固まっていることを確認できたので、契約書を見せていただくことにしました。

後日持参されたものを拝見しましたが、標準契約書を使われ、特約事項もなんら記載されていませんでした。ただし、仲介業者が入っていませんので重要事項説明書がありません。このような場合は信頼関係がないと、勧めにくいものですが、吉川さんはこの物件を紹介された方とは旧知の関係で互いに信頼関係が厚く、しかも、この方と売主とは親戚関係になるとのことでした。私が余計なアドバイスをして、人間関係にひびが入ることになっても困るので、そのことを正直に告げ、吉川さんの判断にお任

優良物件 5要素からの評価

■和合　実の目

工務店の社長さんが自己所有目的で建てられている場合は、建物自体に問題はないと思います。まして互いに信頼関係のある方を介しての取引ですし、持つべきものは友ということでしょうか。

せしました。

結局、吉川さんはこの物件を購入され、一年たった今も何ら問題ないとのことですから、私は余計なことをいわないで良かったと思っています。ただし、私なら瑕疵担保責任を数ヶ月要求していたかも知れません。

ポイント

1　売主が物件を手放す事情に合理性があり、かつ愛着を持っている物件は、概して問題のない物件が多いのです。
2　個人間の直接取引は、信頼関係のあることが前提です。
3　購入意思を固める前に、自分に見えていない問題点はないかなどを確認するため、専門家にアドバイスを求めることも大事です。

Case 4 査定を厳しく、指値も厳しく、その結果は？

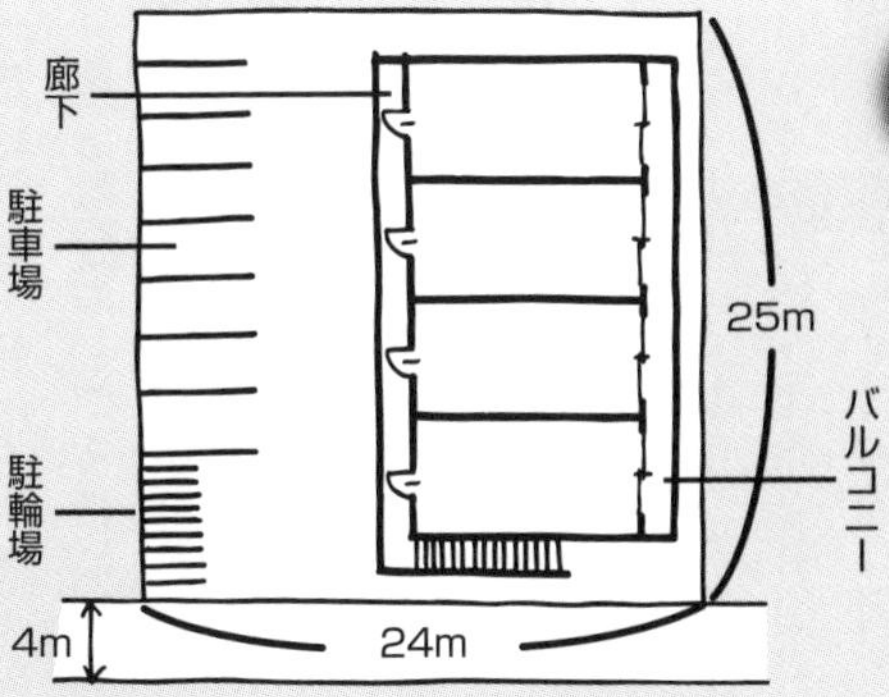

・普通電車停車駅徒歩15分
・物件価額1億2,600万円
・年収845万円
・土地面積595㎡
・建延面積362㎡
・軽量鉄骨造２階建て
・築10年　２DK８戸
・東向き

「当該物件は自宅に近く、地域事情もわかっているから検討したい」と、三好さんから相談があった物件です。三好さんはすでにアパート物件を所有されている方です。それは相続された土地に、有効利用として建てられたものです。この方は土地に対する借入れはありませんから、キャッシュフローに問題はありません。

そこで今度は資金力を生かして、中古のアパート物件を購入しようと思われていました。買い側の仲介依頼を受けたので物件調査にかかりました。

この物件は、容積率２００％の準工業地域に位置しています。駅からは少し遠いものの、比較的近くには大型スーパー等もあり、日常生活に不便を感じないところにありました。車で数分のところには高速道路の出入り口があります。街の雰囲気は住宅と小工場の混在した下町という雰囲気です。このエリアの発展性は正直感じませんでした。街並みは悪くないのですが、近隣の工場の経営者は年配の人が多く、後継者のいないところもたくさんあると聞いているエリアです。工場はいずれ戸建てやアパート等に変わっていくように感じます。

当該物件は敷地の一辺24ｍが、前面道路４ｍに面しています。土地は平坦で、アパートが東向きに建っています。駐車場は西側に一列に並び、一住戸一台の駐車場が確保されています。地形がほぼ正方形ですから、すっきりした配置になっていると感じました。利回りは８４５万円÷１億２６００万円≒6.7％です。

三好さんからは客観的な判断を求められましたので、率直に意見を述べました。

戸当り月額賃料は駐車場込みで８４５万円÷12か月÷８戸≒８万８０００円です。建物の外観イメージは悪くはありません。大手住宅メーカーが建てたものだと思われます。賃料は相場どおりのようです。空室はありませんでした。家賃は値下がり傾向と判断しました。

物件の両隣は戸建て住宅が立ち並んでいます。この物件は軽量鉄骨造で築年数10年ですから、基本的に融資は受けられます。物件価額の1億2600万円を土地面積（約180坪）で割りますと、70万円／坪となります。このあたりの更地の取引価額は70万円／坪ですから、更地価額と同じということになります。すなわち資産価値はあるということです。

収益物件としての利回りはやや低めで、今後も低下傾向にあります。収益性で見る限り物件価値は低くなります。大阪周辺部ではこれがアパートの収益性の実態です。

自己所有の土地に建てる新築アパートの収益性は、土地の評価をゼロで計算して目安は10％ぐらいです。

このアパート建築の費用は諸費用込みで約7000万円と見込みました。でも845万円÷7000万円≒12％です。実はここにはからくりがあります。この物件は敷地に余裕があり、駐車場の収入込みで計算しているために、見た目の収益性が良くなっているのです。これは盲点ですね。駐車場の1台当りの月額賃料が仮に1万5000円ですと、8台で12万円。年間144万円です。そうしますと845万円－144万円＝701万円で、先ほどの利回りは701万円÷7000万円≒10％となります。

三好さんは私の話を聞きながら、現在所有されているアパートの収益性を計算されていました。これまでは利回りの良いアパートを建てて正解だと考えていたのですが、実際は土地の評価をゼロとしていたためで、アパートを建てたがために、今それを売却するとなると、更地価額同等の売り値がつくという現実にショックを受けました。

ここで一度整理をしておきましょう。

①前面道路間４ｍですから容積率は１６０％、現在は、実需と収益でみた場合の価額が同じ

②将来的にも発展性は望めない

③駅からの距離はやや遠く、賃料は値下がり傾向

④資産価値から見ると、金額的には高くはないが収益性が低いので、価額の検証が必要

では、この物件価額はいくらが妥当なのかといいますと、売主のことも考えて、利回り7.5%とし

優良物件
5要素からの評価

総合点
14点

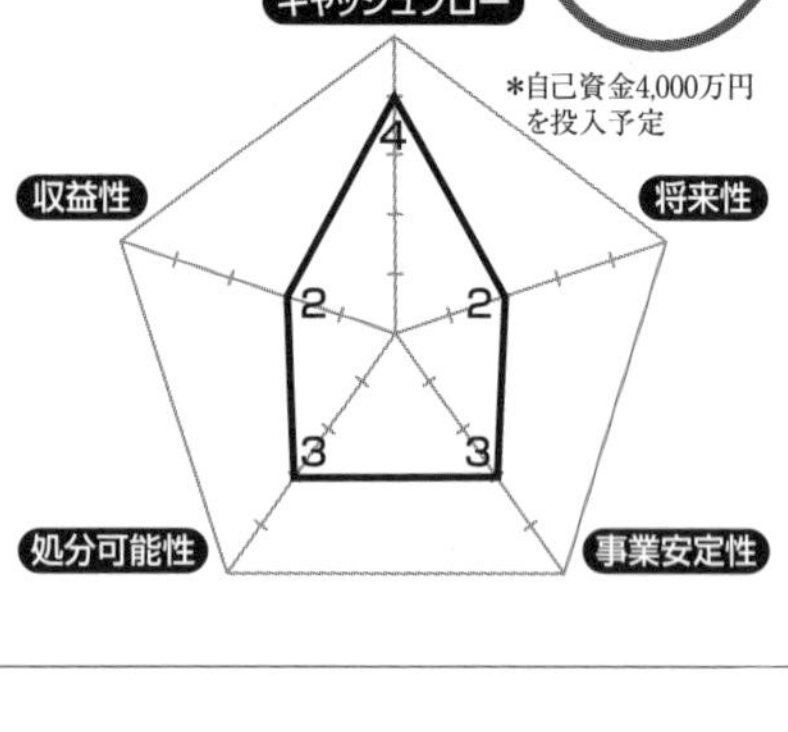

■和合　実の目

1億1,000万円台でも買主は現れると見ています。収益性でなく資産価値主体で見る人もいるからです。この物件を購入したら6年目以降からは空室が出るたびに、家賃が低くなっても定期借家の契約書で賃貸借をし、10年目ぐらいを目処に更地で売却というのが、一つの出口かなと思いました。

て1億1266万円ぐらいが妥当なところです。

この価額ですと10年保有すれば損をしないで売却ができると思います。これでも1333万円の値引きを要求しないといけません。三好さんは、私の話を聞きながら1億円ぐらいにならないものかと思っています。しかし、それでは20%の価額ダウンとなります。売主は承諾しないでしょうと、私はお答えしました。

それでも、三好さんは1億円での交渉を依頼してきましたので、その旨を売主サイドの仲介業者さんに伝え、売主さんに値下げのお願いをしていただきましたが、全くとりあってくれないということでした。私は物件評価をして正直に答えを出した結果、逆に三好さんの購入意欲をそぐことになってしまい、ビジネスチャンスを失いました。こういうことも何度かあります。

その後、三好さんは方針転換され、現在はアパート物件でなく、店舗物件を探しておられます。

ポイント

1 物件価額が更地価額同等であっても、将来性・収益性・保有予定年数・出口を考え、価額の妥当性を検証する。

2 物件を購入したいときは、指値はほどほどにしないと売主の反発を買うこともあります。

3 土地活用でアパートを建てる地主さんには、業者が土地代をゼロとして収益率を計算していることに疑問を持たない人が意外に多いのです。

第3章

事務所ビル一棟物件の見方

ビル物件は、一般論として、個人の方にはお勧め対象ではありません。それはマンションに比較して融資がむずかしく、設備関係のメンテナンスに費用がかかるからです。どれくらい差があるかは一概にいえません。しかし、高くつくのは事実です。持ってみて初めてわかるのです。関西においてもやっとビルの賃料が底を打ち、幾分上昇傾向になってきたようですが、それはワンフロアー200坪以上の新しい大型ビルのことで、小規模ビルはまだまだそんな状況にはありませんね。

そうした中で私が関わった物件を紹介しましょう。

Case 1 一棟貸しはテナントさんがポイントです

2年前、この物件に興味を持たれたのは友井さんです。友井さんはかなりの大地主さんです。収益を生まない不動産を処分し、収益を生む不動産に資産の組換えを実践している方です。収益不動産はすべて手持ち資金で買われますので、いつもタイミングを逃すこと

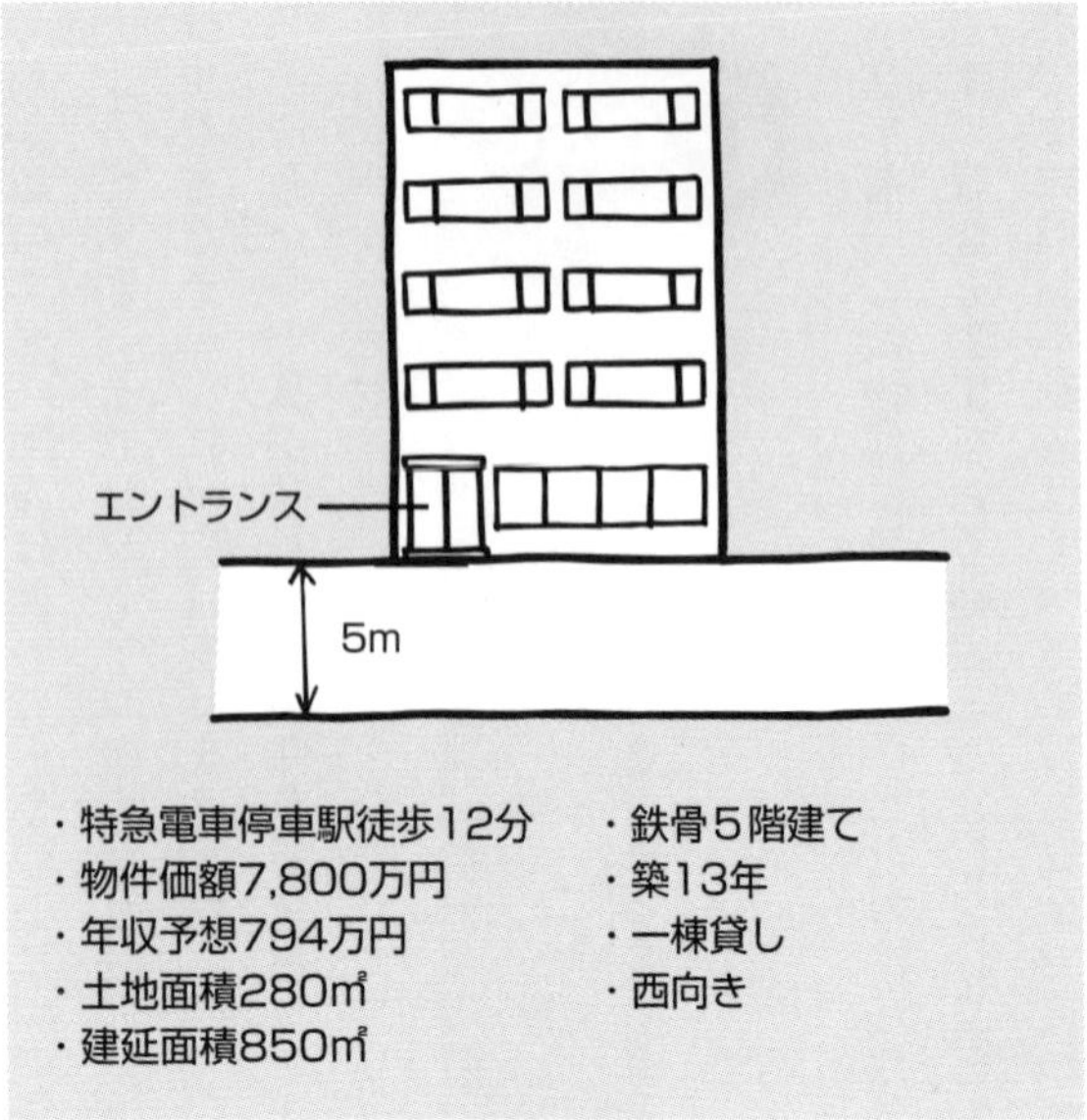

はありません。気に入ればすかさず、購入のための「取り纏め依頼書」を書いていただけます。そんな友井さんに私がしたアドバイスを紹介します。

利回りは794万円÷7800万円≒10・2%ですね。物件所在地は繁華街を通り抜けた住宅街です。近隣には大手企業の独身寮やマンション、アパート、戸建住宅が混在しています。間口は約15m、土地の一方が道路に面し、道路幅員は5m。用途容積は第一種住居地域で300%のエリアです。検査済証はあります。

賃料単価は専有面積坪当り3000円ぐらいですから、かなり安めです。入居者は大手企業の下請け業者さん一社です。賃貸借はこのビルが建ったときより始まっていて、賃料は当時より20％以上、下落していました。物件の外観は比較的きれいに感じましたが、屋上の防水工事の保証期限は切れていますし、空調設備もそろそろ換えないといけない時期に来ていました。

この物件のポイントは入居中のテナントさんです。テナントさんが出て行ったときにどうするかということです。築年数は15年ですからまだまだ利用価値はあります。今回も手持ち資金での購入予定ですから、出て行かれてもすぐさま対応を考えないといけないということはありません。しかし事前に出口を考えておくに越したことはありませんから、出口をどこに求めるか、私も真剣に考えました。

この物件で特筆すべき点は3つあります。

まず第一は小規模修繕やエレベーターの保守費用はテナント負担となっていて、経費は固定資産税と都市計画税ぐらいで、管理費も不要であることです。

第二は一棟貸しのため、手間がかからないことです。これは複数不動産を所有されている人にはありがたいことです。

第三は物件価額が固定資産税評価額より安いことです。この物件はバブルのころに建てられた建物であるため、かなり豪華な仕様になっています。当時は建築費が高くなろうとも、あまり気にすることもなく建てられたのであろうと推察されます。どう考えてもこの売却価額は現在の建物価値にも及びません。

そうするとお買い得物件のように見えますが、賃料が一定ならば、評価額が高い分、固定資産税・都市計画税が高くなるということですから、一概にはそうもいえません。ビル物件でしかも一棟貸しであるため、テナントさんが出た場合のリスクを考えますと、資金的な余裕のない人には手の出しにくい物件ということになります。そのことは銀行からみますと、融資しにくい、あるいはしない物件ということなのです。

テナントさんと直接お話をさせていただきたいと、売主側の仲介業者さんと売主さんに断りを入れて、テナント企業の社長さんとお話をする機会を得ました。このとき、単刀直入に今後も借り続けるかどうかの意思確認をさせていただきました。

そうしたら、出て行くことは考えていないことや、いずれはこの物件を購入したいという意思もあるということがわかったのです。これは出口を考えていた私には朗報です。すなわち、資金回収のある程度の目処が立ってきたら、テナントさんへの売却も時期によっては可能ということです。テナントさんには「5年以降の将来、お譲りすることも可能です」と、伝えておくことで大事に利用されるでしょうし、ビルオーナーとも良好な関係を築きたいと思うでしょうから、いろんな交渉もやりやすいと考えました。

何故5年かといいますと、友井さんは税務上の買換え特例を使って購入されますので、この物件を売る年の1月1日現在で所有期間が5年超にならないと短期譲渡となり、税率が高くなるため、その分支払う税金が多くなるからです。仮にこのテナントさんと売買契約が整わなくとも、何度もこの物件を見に行くうちに、「一棟貸しでこの賃料なら、新たにテナントを見つけることもそんなに難しいことではない」とも感じてきました。

そこで、先ほどの防水工事に空調設備の取替え費用、その他の修繕費用の見積もりを取ったら、３５０万円ほどになりました。この金額に１５０万円の値切り分を加えて、「物件価額が７３００万円になりましたら、購入してください」とお願いし、了解を得て売主側の仲介業者さんに返事をしました。

しばらく売主さんも考えられましたが、他に買手を見つけることができなかったようで、最終的に７３００万円で契約することになりました。当然テナントさんがこの金額を知ることはありません。テナントさんから問い合わせがあっても絶対いわないようにと、売主サイドに釘を刺しておきました。これを知られると仮にテナントさんへの売却となったとき、値段のつけ方に遠慮が入ることもあるからです。私は「売却時には1億円弱ぐらいの値段はつけたいものだ」と思いました。20％の自己資金と借入れで自社ビルを持つということなら銀行も融資を行うと思います。その価額なら、返済額が家賃より軽くなるからです。

借入れのポイントはこのテナントさんの本業の業績です。業績が良ければ、問題なく借入れは可能だと思います。このように考え、検討したことを伝え、友井さんも納得の上で購入されました。

早速防水工事等補修工事にかかると、約150万円の出費でした。設備関係の修理については、テナントさんからクレームが入ってからすることにしました。それも一つの方法です。そうしたら、きっちり1年後、エアコンの調子が悪くて冷房が効きにくいとクレームが入り、取替えを実施しました。かかった費用は約180万円で当初予算とほぼ同じでした。

当面これ以上の出費が嵩むことのないようにと、私は祈っています。通常、仲介業者は今後どれだけの費用がかかりますとか、出口の問題までも考えて仲介はしてくれません。たとえ出費が嵩んだと

優良物件
5要素からの評価

総合点 19点

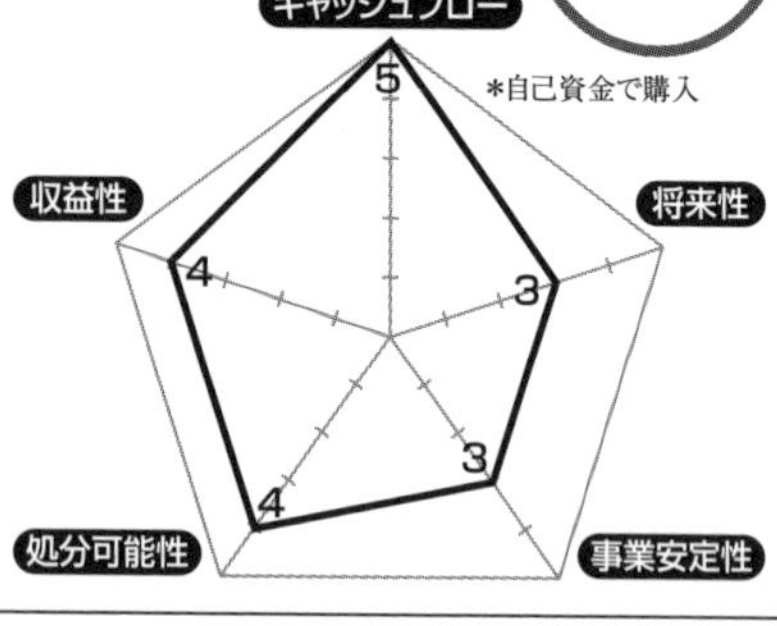

■和合　実の目

友井さんとは長いお付き合いをしています。今後何かがあっても、私ができることは対応していきたいと思っています。この物件は時期を見て売却することを前提に購入していただきました。そのときにキャピタルゲインが出たら、私の見立てが正しかったと初めていえると思います。

しても、購入者の自己責任であることに間違いはありませんね。私はこのお客さんと長いお付き合いをしていますので、仮に自分が買う場合はどうするかを想定してアドバイスしたのです。したがって、あえて踏み込んだ判断材料を提供しました。

私のアドバイスがお客さんにより、多少変わることも事実です。なぜなら、こちらに自己責任を振るような方もおられるからです。得したときは何もいわないで、損したときだけこちらの責任にされては困りますね。このことは前著の「収益不動産所有の極意」にＷＩＮ—ＷＩＮの関係について書きましたが、今もその考え方は変わっておりません。そのような人だと感じた場合は物件のお世話もしませんし、お付き合いもしたくはありません。これが和合実の仕事の流儀ですから、それをご理解のうえ、それでもよろしければ、この本を読まれて、私のお客さんになっていただければうれしく思います。

ポイント

1 一棟貸しは手間のかからない点はよいけれど、その場合、テナントに信用力があることが前提条件です。
2 購入前にテナントさんと面談することも時には必要です。
3 修繕工事が必要な物件は、購入前に工事金額の見積もりを取りましょう。
4 出口としてテナントさんに物件を売却することもあり得ます。
5 仲介業者に購入の判断材料を求めても、悪いことはいわないケースもあります。すべからく、購入判断は自己責任が基本です。

Case 2 空きビル物件はリスクを取る覚悟が必要なのです

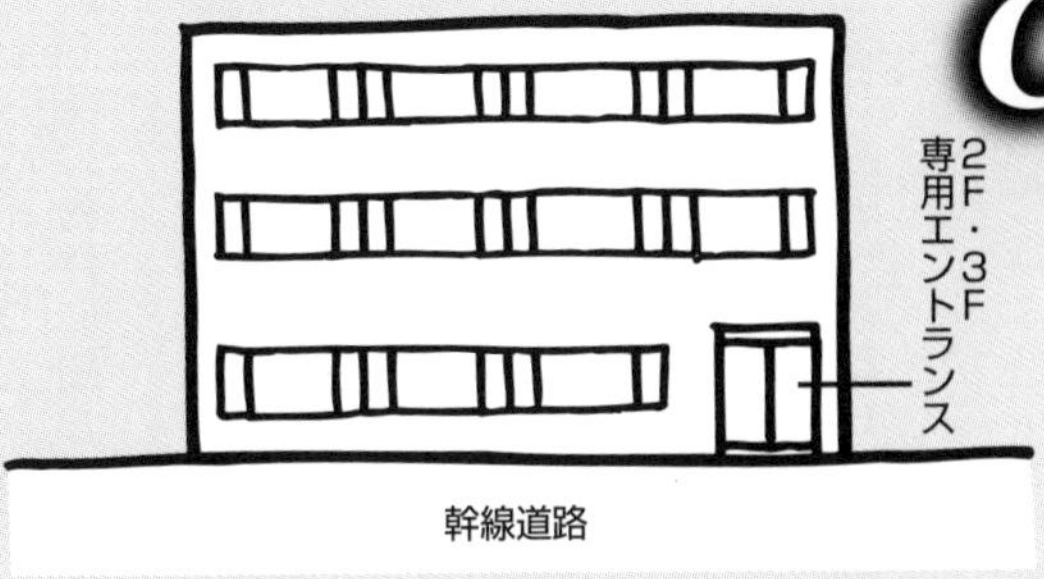

- 普通電車停車駅徒歩15分
- 物件価額7,500万円
- 年収予想720万円
- 土地面積142㎡
- 建延面積330㎡
- 鉄骨3階建て
- 築5年
- 一棟空きビル
- 北向き

2年前、北蔵さんに紹介させていただいた物件です。北蔵さんには別の収益物件を購入していただいていたこともあり、たとえ空き物件であってもこの物件の良さがおわかりいただけると思って紹介しました。

すでに数棟の物件を過去2年のうちに購入されていた北蔵さんは、当初新たな物件購入を、考えてはおられませんでした。私はそれを知らずに、この物件を紹介したのです。何かを感じられたのか、すぐに見に行かれ、購入を即断されました。これには正直「そんなに早く購入を決めてもいいの」と、驚き半分、北蔵さんの即決に対するうれしい気持ちが半分、という印象であったことを思い出します。
私がこの物件に関して説明した内容は、次のようなものです。

利回りは720万円÷7500万円＝9.6％ですね。物件所在地は片側2車線の幹線道路沿いに面した交通量の多いエリアです。間口の広い物件でエレベーターも付いています。元々某自動車ディーラーが1階をショールーム、2階、3階を事務所・倉庫として自社で使用していた物件です。商業地で400％のエリアで、土地だけでも当時1種当り40万円はしていましたから坪160万円ということになります。

そうしますと土地面積43坪×160万円／坪＝6880万円になります。建物はまだ築5年ですから、いくら安く見積もっても5000万円はします。すなわち資産価値は6880万円＋5000万円＝1億1880万円ということになります。これはお買い得物件だと思いました。

私が知ったのは売り出し後1か月ほど経ってのことでした。空きビルということで、収益物件として見るには素人の方には難しい物件かもしれません。では、「エンドユーザー対象なら買手がすぐに見つかるか」というと、それも難しいと売主さん自身が思っていました。そこで、購入条件として500万円の値引きをお願いしましたら、すぐさま了承していただけました。

ところで、私がこの物件を北蔵さんにお勧めした理由は物件の資産価値だけではなく、他に理由がありました。それはこの物件の奥に隣接した道路付けの悪い、かなり古い木造の建物があり、これは遠くない時期に売られる可能性があると感じたからです。仮に縁があって、北蔵さんが買うことになれば、この物件と合わせて100坪ほどの土地となり、商業地で400％のエリアですから資産価値がかなり高まると考えたのです。この物件の売却理由は、所有企業がビジネスで使うのに手狭になったということですから、おかしな物件ではありません。

このようなアドバイスをして、北蔵さんは物件を見て翌日には購入の意思表示をされました。ただし、融資条件をつけられました。通常なら、この手の物件への融資に銀行は消極的になるのですが、北蔵さんの資産背景と収入があれば大丈夫と思えましたので、即刻その条件で「不動産購入取り纏め依頼書」を書いていただきました。

ところが、融資審査に必要な書類を集めているうちに、売主さんからは「ある」と聞いていた、この物件の検査済証が、実は「なかった」ことが判明したのです。それが原因で融資審査が通らないことになってもいけませんので、この物件が違法建築物でないことの証明書を売主側の負担で検査機関に依頼・発行することをお願いしました。それは後日いただけることとなり、金融機関への提出は後でという前提で、先に融資審査の開始をお願いしました。この北蔵さんの融資申込みに対し、当該物件は空きビルでしたが、予想どおりその銀行は融資に前向きでした。

理由になるか否かは別にして、検査済証のないことはこの物件の資産価値を下げることになるからと、北蔵さんから再度価格の交渉を頼まれてしまいました。その希望額はさらに５００万円の値下げです。ちょっときついかなと思ったのですが、交渉をしないわけにはいきません。

売主さんは売却を急いでおられたこともあり、その条件を飲んでくださいました。ついにこの物件価額は６５００万円になり、すぐさま契約することになりました。

契約書の特記事項に「契約後引渡しまでの２か月間、テナント募集の看板をこの物件に掲げることを売主は承諾することとする」と記載させていただきました。私は売買契約締結後、すぐさまテナント募集の作業にかかりました。当初月額賃料70万円（税込み）を想定し（北蔵さんは月60万円で了承済み）、一棟貸しをイメージしてテナント募集しましたが、問い合わせはあってもなかなか希望の賃料に届きません。

そうしているうちに一か月後、２階と３階を合わせて事務所・倉庫として借りたいというテナントさんと巡り合ったのです。１階だけなら借り手も多いはずだと考え、そのテナントさんと賃貸借の条件を詰めにお伺いしました。このテナントさんは、事務所・倉庫として４階建て古ビルを一棟ごと借りていました。間口の狭い奥行きの長い建物で、しかもエレベーターはありません。階段は急で、使い勝手が良いとはいえない建物でした。

この建物からの移転を考えているときに、この物件に掲げた「テナント募集中」の看板を見られたのです。

「賃料はいくらですか」と聞かれたので、私は、今借りているビル賃料を予想し、１階の賃料として月30万円を想定し、このテナントさんに月額40万円を提示しました。しかし、相手は納得しません。結局35万円の賃料とエレベーターの専用使用料として２万円をプラスし、それに消費税分５％をいただくことで合意しました。すなわち37万円×１・05＝38万８５００円ということです。これなら悪くない賃料です。保証金は２１０万円で合意しました。

１階は店舗としてすぐに決まるだろうと思っていましたが、なかなか思うようにはいきません。１階のテナントは決まらないまま、とうとう決済日となってしまいました。それでも北蔵さんからは一言もクレームはありませんでした。「２階と３階の賃料だけで返済はできる」ということもあったかも知れません。

私は自分の判断に誤りがあったのかと内心弱気になりました。そんな私の気持ちを知ってか知らずかわかりませんが、文句もなく、反対に「信じてますから」と励まされました。これには「何とか期待に添わなければ」と発奮し、また、プレッシャーを感じながら1階部分の賃貸募集活動を続けました。本来、賃貸募集は別の業者さんに依頼するのですが、今回は自ら行いました。でも、これ以降はテナント仲介の業者さんにも協力をお願いしました。2階・3階専用エレベーターの入り口を造るための改装工事をして、1階部分と2階・3階専用入り口を完全に分離しました。工事完了後すぐに、2階・3階へはテナントさんが引越しました。

1階店舗の借り手が見つからなかった最大の要因が、賃料の高さにあることは承知していました。このあたりの賃料坪単価は8000円です。でもこの物件は間口が広く、天井高が3.2ｍあるので、店舗としては魅力的であるはずだと考え、坪単価1万2000円の月額賃料35万円を提示していたのです。

残代金決済をしてから2か月半後、ついに借り手が見つかりました。最終的に決まったテナントさんとの賃貸条件は保証金300万円、月額賃料32万円（税込み）でした。それでも悪くない条件と判断し、このテナントさんに決めていただきました。結局月額賃料は合わせて税込み70万8500円です。当初の目標をクリアーしました。北蔵さんは大満足でした。

この物件の表面利回りは70万8500円×12か月＝850・2万円、850・2万円÷6500万円≒13％といいたいところですが、改修費用をかけているので、12％ぐらいです。それでもよい買い物をされたと思います。

　優良収益物件となったこの物件ですが、購入したいという人が現れたときに、読者の皆さんなら、いくらで売りますか。まさか6500万円では売りませんでしょう。きっと買値よりは高く売れると思われるでしょう。この物件はかなり含み益を持った物件に変身したのです。私が前著で書いた「収益物件は自分で作る」とはこういうことなのです。

　そこにはリスクに耐える辛抱強さや物件価値を高める能力、また変身すると思える物件の選別眼が必要になります。これができるようになると、不動産を見る目がきっと変わってきますよ。利回り最重視

優良物件 5要素からの評価

総合点 20点

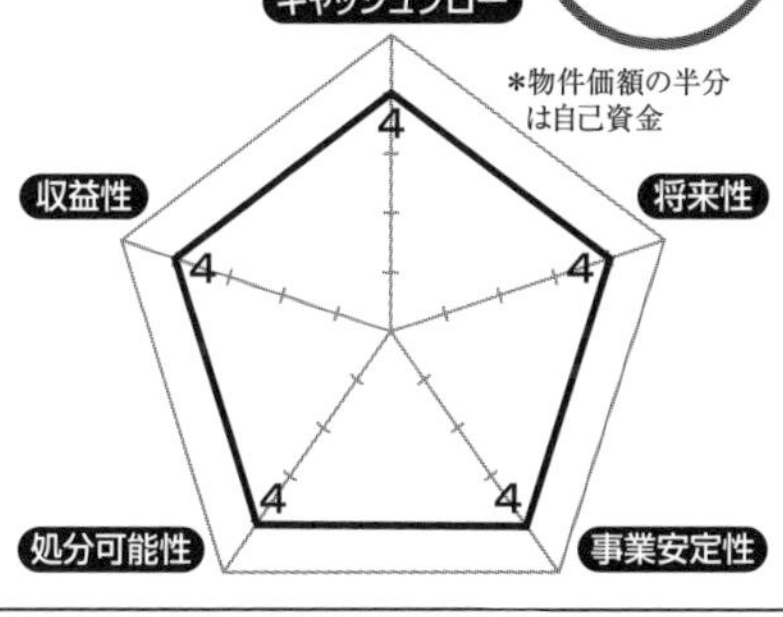

■和合　実の目

収益物件としてでき上がってからは高得点の評価も、空きビル状態では出ない得点ですね。簡単ではない分面白みもあるのです。空きビルを見たとき、自分でテナントのイメージができるようになれば、それはかなり見る目ができたということですよ。

で不動産を判断する方法との違いがおわかりいただけたかと思います。

ポイント

1　空きビルの購入はテナント賃料を想定し、テナント付けができると見込める場合にのみ検討します。テナント付けが難しいことが売却理由ということもあります。

2　将来、隣接地を購入することで資産価値を高めることになるケースもあるので、そのことはプラス要因として考えることもできます。

3　値交渉は相手の状況を考えた上で、値引きに合理的理由を見つけて交渉に臨みましょう。

4　テナント付けに際し、募集家賃の設定が高すぎると見向きもされないことがあるので、相場より若干高め程度にしておきましょう。

5　収益性を高める物件作りには、リスクに耐える辛抱強さも必要です。

Case 3 古ビル物件は複数の出口を考えて購入検討を！

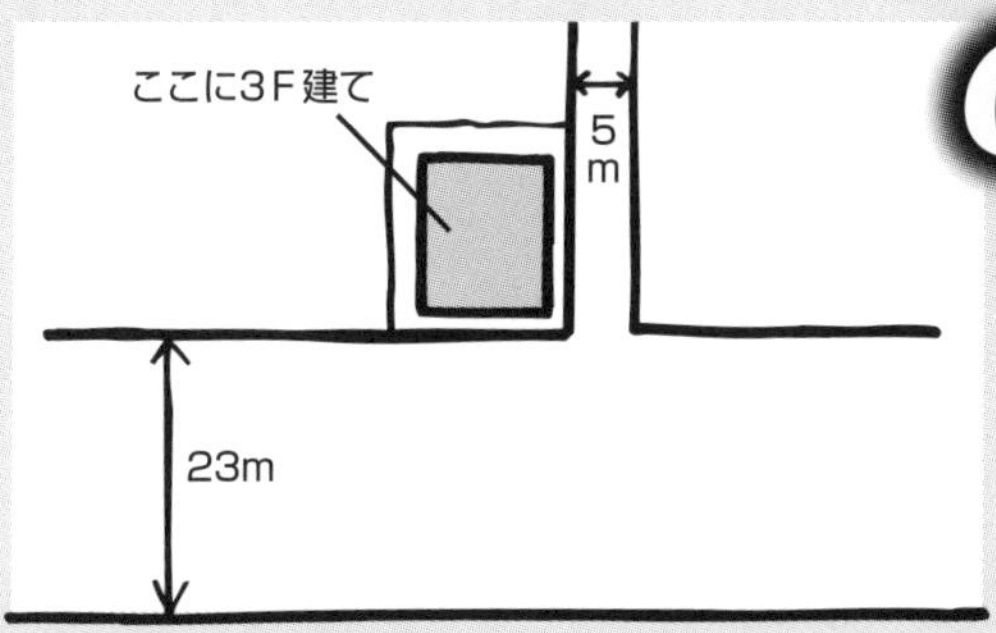

・普通電車停車駅徒歩12分
・物件価額5,100万円
・現状年収441万円
・土地面積300㎡
・建延面積460㎡
・鉄骨3階建て
・築35年
・2階3階空きビル
・東向き

半年前、武田さんに紹介した物件です。武田さんは私の勉強会で買換えによる資産の組換えの合理性を認識し、実践されたお客さんです。武田さんは銭湯を経営していました。昭和40年代までは銭湯の利用客も多かったのですが、それ以降は各家庭にお風呂が急速に普及したため、経営難となり廃業するところが増えてきました。武田さんはお子さんたちの独立を機会に廃業を決意。その後建物を解体して月極め駐車場にされました。当初より10年ほどはいつも満車状態で良かったのですが、ここ数年は満車になることがなく、借り手も減少傾向で、賃貸収入は年間360万円ほどになっていました。

そんな折、武田さんはトレジャー（宝物）発見勉強会に参加され、私が特にお勧めする「資産の組換え（買換え）」に興味を示されました。はじめは「そんなにうまくいくものだろうか」と半信半疑でした。しかし、私が数名の方の成功事例を紹介し、勉強会で講義を聴かれるうちに、「自分もやってみよう」と決意されたのです。

その駐車場の売却は私にまかせていただけました。平成17年11月、売却に向けて準備をしていると、隣接地の方が不動産業者を通じて相場よりも高い金額で、購入の意思表示をしてきたのです。武田さんにとっては願ったりかなったりですから、私に遠慮せず今回はその話に乗っての売却をお勧めしました。そのときアドバイスをしたことは、契約を12月にするにしても、引渡し（残代金決済日）は翌年1月にするということでした。それは税務上の事業用資産の買換え特例を使うことも視野に入れ、買換え資産の取得に時間的余裕を持たせるためにもそうすることが得策と考えたのです。税務申告は引渡し日の翌年にすればいいわけですから、1年間の余裕ができることになります。税務申告は武田さんの顧問税理士さんにお任せすることとして、私は買換え用の収益不動産を探すことに専念しました。武田さんの、購入物件の選定を私に任せたいとの意思と期待に添うべく、いい物件が出てきたら、最優先で武田さんに紹介しました。武田さんには奥さんと2人のお子さんがおられるので、買換え物件は相続のことも視野に入れて、複数の方がよいと考え、結果的に3物件を買っていただきました。この物件はその中の一つです。

築37年で、しかも商業ビルですから融資はむずかしい物件です。したがって、自己資金のある人しか買えない物件です。利回りは441万円÷5100万円≒8.6%です。1階だけでこれだけの利回りが確保できているので、悪くはありません。でも2階・3階ともに空室なのが気になります。売り手の仲介業者にそれとなく確認しますと、次の点が確認できました。

① 2階・3階は自己使用していたこと
② 相続で現金化するための売却であること
③ 購入希望者はいたが、融資が付かなかったこと

②③がわかったことは大きな収穫です。「買手は見つかりにくいが売り急ぎ物件」であるということですから、すぐさま値引きの交渉をしてみると、売主は応じる可能性が大であることがわかりました。これは面白い物件になるかもしれないと感じたので、真剣に物件調査をしました。

そうこうしているうちに、武田さんよりも先に別の方より購入したいとの意思表示があったのです。この方を優先するとしても、最終的に契約にまで至るかどうかわかりませ

ん。武田さんには先客がいることをお伝えした上で、この物件を紹介しました。武田さんはひと目見るなり購入に前向きでした。安易に判断されると私も困るので、物件の特徴について十分確認していただき、その上で購入の判断をしてもらいました。先に購入判断をされた方は最終的に少し迷いがあったようなので、了解を得て武田さんに譲っていただきました。私が武田さんに話したこの物件の特徴は次のとおりです。

① 1階のテナントさんは所有者が替わっても、出て行く意思のないことは確認済みであること
② 物件入手後、外装内装ともリフォーム工事をする必要があること
③ 2階・3階のテナント付けはリフォーム後にすること
④ 建物の検査済証はおろか設計図書もないこと
⑤ 事業決定はされていないが、都市計画に北側道路の拡幅が計画決定されていること

そして武田さんとの打ち合わせの結果、2階は少し手を入れれば貸せる状況でしたので、まず2階のみ8万円でテナント募集し、3階と外装工事については、時期を見て着手しようということになりました。

この物件は古いので出口についても考えておかなければなりません。2方向に接道しており、東面13ｍが幅員12ｍの交通量の多い2車線道路に面し、北面23ｍが幅員5ｍの遊歩

道に面しています。角地とはいえど、この遊歩道が気になりました。これが建築基準法上の道路かどうかで大きく価値は変わってきます。そのため市役所で調べたら、建築基準法上の道路であることが確認できました。

それなら出口は見えてきます。なぜだかおわかりになりますか。土地を建売業者に売れるからです。北面が23mですからそちら側を入り口として区画割りを考えるわけです。もちろんすべてのテナントが出て行った場合か、入居者が立ち退きに応じてくれた場合です。あるいは建替えて再度テナント募集をすることもこの立地なら考えられます。「24時間営業の飲食店がいいかもしれない」とイメージできます。

物件調査をして時間が経つうちに、売主側の仲介業者さんより値引きに応じるつもりがあるから、早く返事を出してほしいと申し入れがありました。願ったり叶ったりで、思い切って500万円の値引きを要求してみました。すぐには返事がなかったのですが、最終的に応じていただけ、4600万円になりました。すぐさま売買契約をし、数週間後決済をしてこの物件を取得されました。

ということで、現状の表面利回りは441万円÷4600万円≒9.6%となりました。これはまずまずの利回りです。今後は2階の入居者募集を行い、時期を見て外壁全面吹付け工事と3階の内装工事をし、テナント付けをして収益力を高めていただければよいと考えています。そうなれば、まず実質利回り10%は固いと思います。

武田さんは譲渡にかかる税金を残し、この物件取得ですべての買換え資金を使いました。3物件で現状月額収入が90万円を超えています。売却された駐車場の月額収入が30万円でしたから、収入は3倍以上になったわけで、非常に喜んでくださいました。

武田さんは75歳を超えておられ、生活スタイルを簡単には変えられないでしょうから、生活費としては有り余る状況になったのです。「このことを兄弟にも教えてあげ、資産組換えの検討を促したい」と積極的です。また、別な場所に所有されている駐車場もこの際売却して、「買換えで再度お世話になりたい」とたいへんありがたいお言葉をいただき、感謝しております。

優良物件
5要素からの評価

総合点
21点

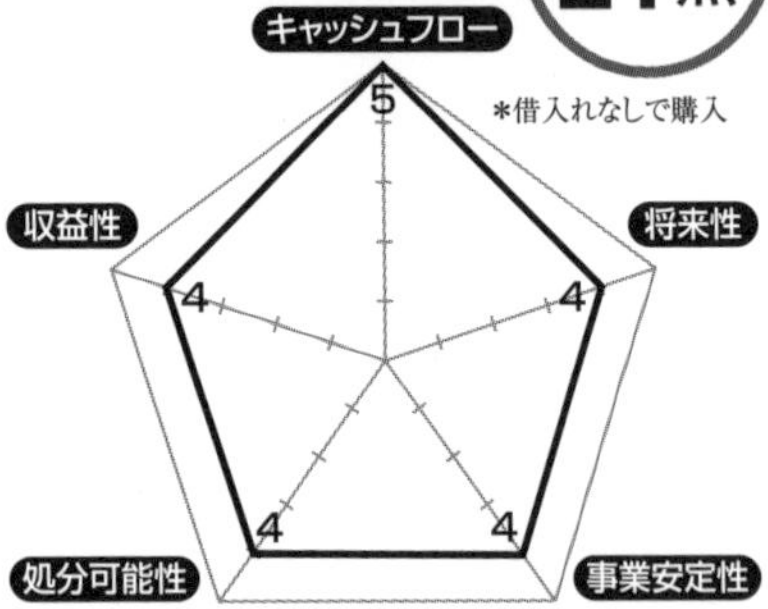

■和合　実の目

この物件は築年数が古いので、テナントさんが退去したときの考え方がポイントです。

私はリースバック方式でテナントを探すか、それでテナントがみつからなければ、自分で建替えるなどと考えずに、迷わず更地にして売却することを検討します。

ポイント

1 買換えでは、キャッシュ買いのメリットのある物件（融資の付きにくい物件）を狙うのも手法の一つです。
2 築年数の古い物件は建替えと売却（更地売却）の両面で出口を検討し、その時期はメインテナントの退去時が目安となります。
3 買換えでは売却した物件より収益力が高いことと、資産価値の維持向上が見込めることの2要素を満足する物件を探すべきです。
4 解体も視野に入る物件では、購入後しばらく既入居のテナントさんが、退去しないか様子を見てからにしましょう。リフォーム後すぐに退去されると無駄になるからです。

Case 4 高齢者には冒険をお勧めしません

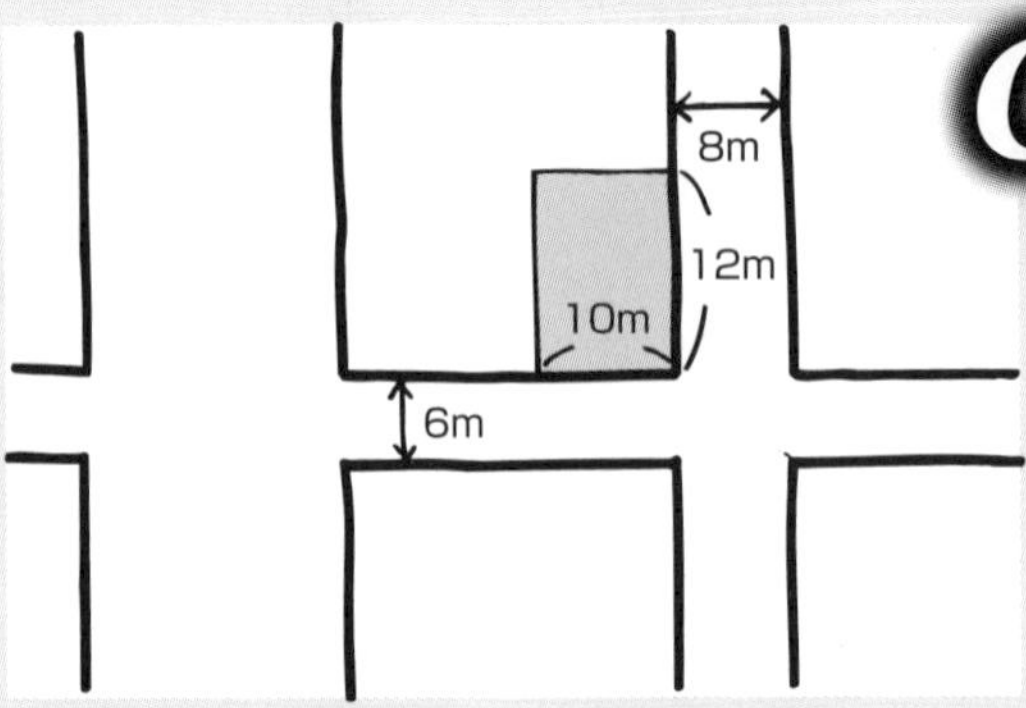

- 地下鉄停車駅徒歩5分
- 物件価額14,000万円
- 年収予想1,120万円
- 土地面積121㎡
- 建延面積432㎡
- 鉄筋コンクリート6階建て事務所ビル
- 築9年
- 6戸のうち2戸が空室
- 南東角地

この物件に興味を持たれたのは津村さんです。津村さんはビル経営をされている企業のオーナーです。若いころから不動産に興味を持ち、3棟のビル経営をする68歳の資産家です。ビル経営は私よりずっと詳しく、年季も入っています。銀行の信用もあるとのことです。所有しているビルはすべて老朽化してきたので、償却できる比較的新しいビルの取得を考えていたときに見つけて、私に相談があった物件です。

津村さんに私がしましたアドバイスを述べます。

利回りは1120万円÷14000万円＝8％です。

物件は大通りから1本入った角地に位置し、周辺にはビルとマンションが立ち並び、都心部のはずれといった感じのエリアです。したがって、大手企業がビルを構えているエリアではなく、比較的小規模なテナントビルの多いエリアです。

幅員6mの南側道路に約10m、幅員8mの東側道路に約12m面した地形のいい物件です。用途容積は商業地域で400％のエリアです。検査済証はあります。専有面積は各階約20坪で坪当り賃料は約8000円です。

入居者は中小企業や個人経営者で、このビルが建ったときから入居しているテナントは1社のみで、そのテナントが一番高い家賃を払っています。賃料は当初より30％下がっていました。物件の外観は非常にきれいで管理は行き届いているように感じました。

この物件のポイントは、現空室が、将来、今の賃料で入居が決まるのかという点にあります。近所の喫茶店で聞いたら、半年ほど空いたままのようです。売主さんは、それが原因で、地価が上昇してきた今こそ売却の時期と思われたのかもしれません。築9年ですからビルの価値はあります。建築費は、おそらく当時1億円以上したと思います。この周辺の現在の更地価額は坪当り約300万円、この物件の土地価額は36・6坪ですから300万円×36・6坪≒1.1億円です。足し算をすると土地・建物で約2億円ということになります。今後も地価は上昇するかもしれないエリアですから、この点を評価して津村さんはこの物件に割安感を持たれたのです。今回手持ち資金２０００万円と借入れで購入しようと考えておられます。

ビル賃料に関して、私はワンフロアー30坪以下のビル需要は非常に少なく、下落傾向は止まっていないと見ています。ビル賃料の上昇しているのは新築のワンフロア２００坪以上の大型ビルに限っています。中小ビルの、特に出口のはっきりしないビルは先行き明るいとはいえないと思っています。

津村さんはこれまでビルを購入し、成功を収めてきたのですが、それは日本の経済成長とともにビル需要が旺盛になり、今よりずっとビルオーナーにとっての環境が良かったことが大きな要因です。この物件は、確かに割安感はあるのですが、そのことだけで取得するのは安易なような気がします。現在の表面利回りは5.3％ですから、空室が埋まるどころか逆に空いてくると、ますます気持ちが追い詰められていきます。事務所から住宅にコンバージョンするほうが賃料も高く取れ、安定するような気もしますが、現状況でそうするのが良いかどうかは判断に迷うところです。そのための費用を考えると、「そこまでしてこの物件を購入するのが得策か」という問題に突きあたります。私よりビルに関して造詣の深い津村さんにこのような進言をするのは、非常におこがましいと思ったのですが、以上のような私の考えを伝えました。

津村さんとしては、相談する人がなく、客観的な判断材料が欲しかったようです。「今までの成功体験がこれからも通用するとは思っていないけれども、にわかにそれを認めるのも寂しい思いなのです」と述懐されました。齢68歳になり、もう一花咲かせたいとの思いもあったようですが、冷静になって再度自分なりに検討し、最終的には購入しないという判断に落ち着かれました。

結局このビルは売りにだされて6か月になりますが、いまだに購入者は現われていないようです。私のアドバイスが良かったのかどうかはわかりませんが、もし私が津村さんの子供なら、現状維持の収入でも生活するには十分すぎるほどですから、余生をゆっくり楽しんで欲しいと願うだろうなと思いながら、津村さんにお話したのです。年配の方には、で

優良物件
5要素からの評価

総合点
13点

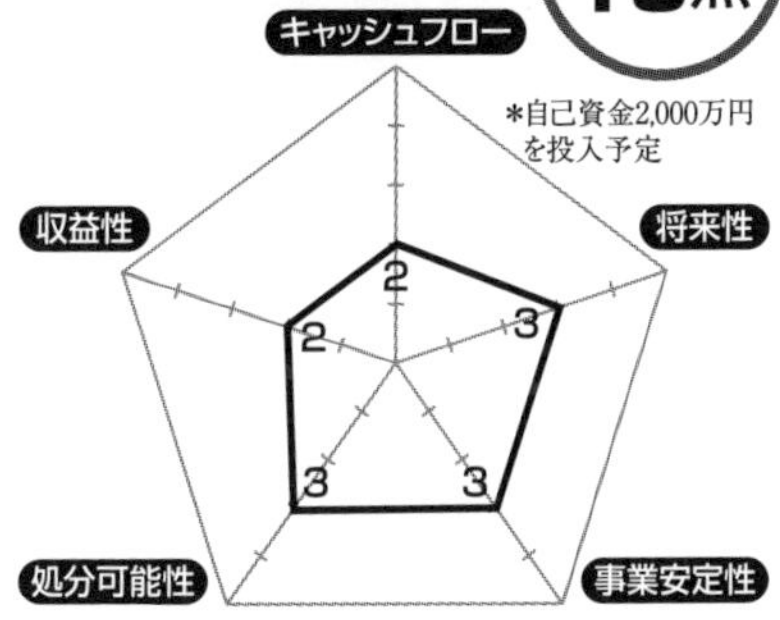

■和合　実の目
津村さんとは、私のやっている勉強会で始めて会ったのですが、これまでの苦労話を聞いて、できることならお力になりたいと思いました。

しかし、これ以上物件を購入しないことを提言するのも、和合流なのです。

きるだけ冒険をしないような物件取得をお勧めしたいと思っています。

ポイント

1　空室がある場合の賃料予測は、直近の入居者が支払っている賃料を参考にします。
2　土地代＋建物代∨物件価額でも、購入してはいけない物件もあります。
3　高齢の方には、冒険的要素のある物件はお勧めしません。

第4章

店舗物件の見方

不動産投資を解説した本に、店舗物件について書かれたものはあまり見かけませんね。私は資金力のある方には店舗物件をよくお勧めしています。

私も収益不動産を所有していますが、それは私の不動産所有の最終形ではありません。私が目指す最終形というのは借入金のない状況で店舗を所有することです。それは、収益不動産を扱ってきた私にとって究極の選択といえます。これまで数々の資産家の方、不動産投資家の方々と出会うチャンスに恵まれ、「優れた不動産所有とは何か」をその方々から体得したものが「店舗」でした。でも店舗なら何でも良いのではありません。

テナント側から見て「賃料は高くとも確実に売り上げが見込めるところにある店舗」が私のお勧めする店舗です。

この章では私がお客様に購入を検討していただきました物件について紹介しましょう。

Case 1 地主さん、借地物件はいかがですか？

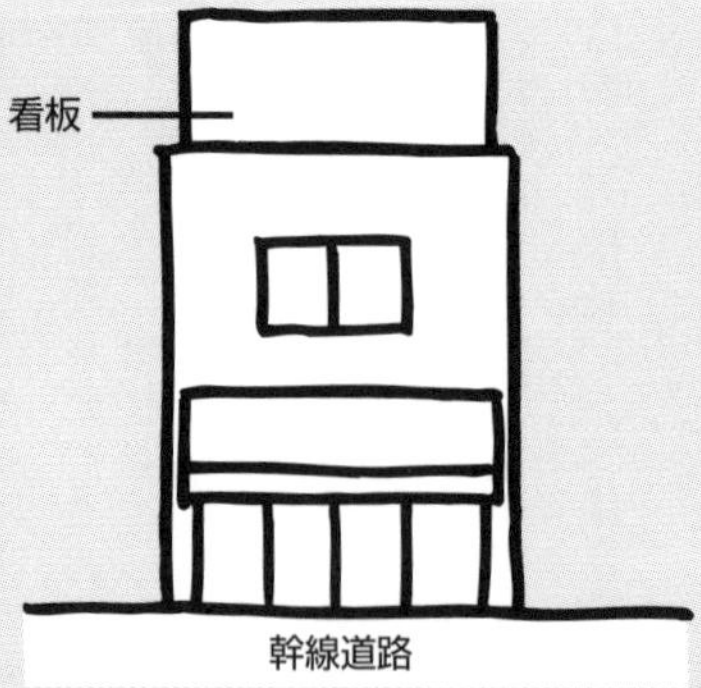

・地下鉄停車駅徒歩１分
・物件価額6,700万円
・現状年収1,138万円
・土地面積95㎡（ただし、普通借地権）
・建延面積170㎡
・商業地域／容積率600％
・鉄骨造２階建て
・築１年
・２店舗
・東向き
・持回り保証金2,000万円

この物件に興味をもたれたのは加藤さんです。加藤さんは所有不動産の売却資金で資産の組み換えを考えていました。私はこの物件を見たとき加藤さんの顔が浮かんだのです。迷わず紹介しました。その際次のようなアドバイスをしました。

表面利回りは１１３８万円÷６７００万円≒17％ですね。しかし、この物件は借地ですから借地料がかかってきます。月額地代

12万円、年144万円です。賃料から地代を引くと年994万円となるので、これをもとに利回りを計算すると14・8％となります。

それに、見逃してはいけないのが持回り保証金です。これは現所有者がテナントから預かっている保証金で、退去の際には返還しなければならない債務です。保証金は、当然、新所有者にこの金額と共に引継がれるものという解釈もあるのですが、関西の慣習で債務だけが新所有者に引継がれることになっているのです。これを保証金の持回りといいます。

すなわちこれを引いて物件価額を表示しているともいえますが、そうはなっていない価額設定の物件もよく見かけます。持回り保証金も取得価額に入れますと表面利回りは994万円÷（6700万円＋2000万円）≒11・4％と低くなります。しかし、テナントが仮に退去しても、それだけの保証金を支払ってでも出店したいというテナントがある立地ですから、次に入るテナントからも同じように高額保証金を預かることも可能ということです。

物件所在地は大阪市内の大通りに面した人通りの多い商業エリアです。この物件の所有者は不動産業者さんです。更地の状態で地主さんと借地契約をし、店舗を建て、テナント付けをし、収益物件として売却をすることを当初からの目的としていました。

売りに出した直後に私の元へ売却物件情報として入ってきました。早速、現地へ行き、店舗の客入り状況を確認しました。あまりに賃料が高く感じられたので、当初、この店舗賃料は売却のためのダミー賃料ではないかと疑ったぐらいです。でも状況を確認しますと、1階は大手の24時間営業の飲食店でお客さんもよく入っていました。この場所なら夜中や早朝でもお客さんの来る理由がわかります。2階は雑誌やテレビの取材も受けたこともあるというカリスマ美容師さんが経営をする美容室です。そして屋上には看板が掛けてあり、その看板使用料もこの収入の中には含まれていました。

私が加藤さんにお勧めしようとした理由は、加藤さんは貸地を所有し、地代を受け取る立場だということにあります。そのため「地主と反対の立場に立つことによって、今まで知らなかった借地人の気持ちを理解できて、必ず今後の参考になるだろう」との思いがあったのです。地主さんに借地人になるような物件を紹介することに抵抗感がある仲介業者もいると思います。それが普通なのかも知れません。しかし、私は両方の立場を経験することが今後の契約延長や、地代の値上げ交渉、あるいは買取り、売却交渉があったときに必ず役立つと思ったのです。加藤さんに勧めたところ、この物件の良さを納得され、購入を決められました。

しかし、私はまだこの賃料の高さが気になったので、この駅の1日の乗降客数を調べ他の駅との比較や、特に1階店舗の昼、夜、休日のお客さんの利用状況を自分の目で確認しました。

どのように確認したかをお教えしましょう。約1時間、その店舗の近くから商売の邪魔にならないように見ていたのです。そこまでする必要はないかもしれません。でも、自分の目で確認することでお客さんへ自信を持ってお勧めできるのと、また、他の物件の賃料を算定するときの目安にもなるのです。

余談になりますが、この店舗のテナントさんには充分な賃料の支払い能力があるとわかったので、後日、他の店舗でテナント誘致をする際に、一番にこのテナントさんに連絡し、入居していただきました。もし自分の目で確認していなければ、テナント探しのときに声をかけていなかったかもしれません。一見、暇人がするように思われる観察も、私にはそうするだけの価値のあることだったのです。

話を戻します。この物件の売買契約をするには、まだ問題がありました。それは借地人が変わるので、この土地の地主さんの承諾を要すること、名義書換料がいくらなのか、まだ決まっていなかったことです。名義書換料については、売主さんが負担することになっていたのですが、地主さんとの交渉は済んでいませんでした。私が交渉をすることになり、売主さんが用意できる金額を聞いて、地主さんの代理人である顧問の弁護士さんと会いました。

売却についてはすぐに了解いただけたのですが、名義書換料については先方からの返事待ちとなりました。後日その返事は郵便で届きました。それには、予想以上の高額な名義書換料と、新借地人から保証金を預かり、退去の際は30％の敷引きとする旨のことが書いてありました。

私はその根拠を聞くため、弁護士事務所を訪ねました。計算根拠にはそれなりの理由はありましたが、「はい、わかりました」と納得はできません。私も負けじと業界の常識（本当はそんな常識などないかもしれませんが）を楯にして、別の計算根拠で出した名義書換料と保証金の額を明示し、そして敷引きに関しては「土地を借りるのに敷引きはありえないことですよ」と反論しました。その場では結論が出ず、なるべく早く結論を

優良物件 5要素からの評価

総合点 21点

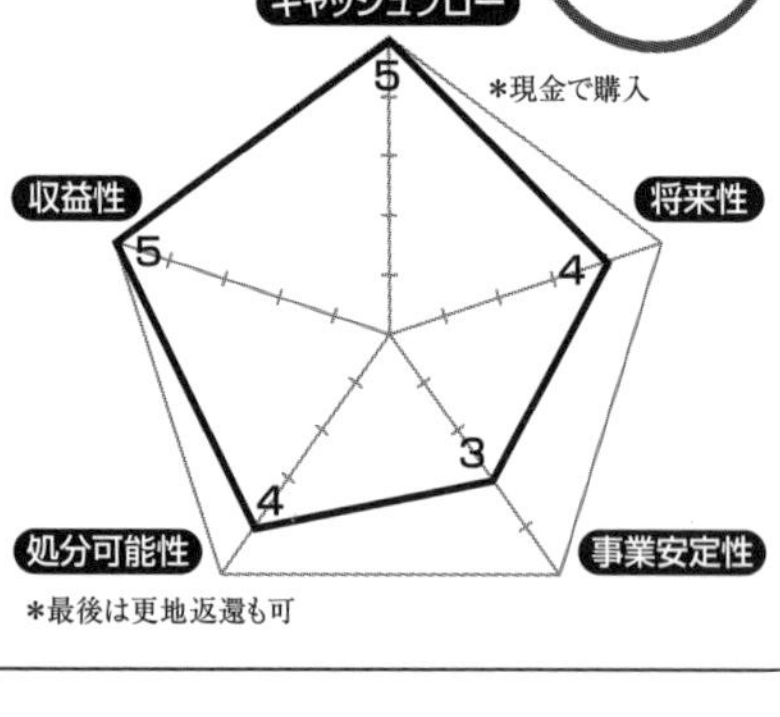

■和合　実の目

この物件は借地物件ですから、テナントさんが出たときにも地代を払い続けないといけません。1階・2階が同時に退去されることはないでしょうから、月々の収支がマイナスになることはないと思いますが、このような物件を購入するのにふさわしい人は、他にも不動産収入等があって収入に余裕のある方です。

出していただけるよう、再三その弁護士事務所を訪ねました。

その甲斐あってか、再度こちらの言い分を検討していただくことになり、最終的には、8割方こちらの主張が認められました。もちろん敷引きはゼロになりました。

そして、当初売主さんより聞いていなかった保証金が発生したので、売買金額の減額を売主さんにお願いし、了解を取りつけました。結果的に私が汗をかいただけの成果は加藤さんにもたらされました。そして、契約決済と物件引渡しを同日に行い、無事加藤さんの所有となったのです。

加藤さんはこの物件を非常に気に入って、私に「また収益物件を紹介していただけるときも、借地権付きの高収益物件をお願いします」と笑みをこぼしながら話されました。私も笑顔で、「わかりました。見つかったら紹介します」と申しましたが、こんな物件は稀であり、早々紹介できる物件ではないことを読者の皆さんには感じていただけたのではないかと思います。

ポイント

1、店舗の客入りを調べるには1時間でも見ていることが必要です。昼間だけでなく夜や休日も確認してください。
2、現在賃料の妥当性を検討しましょう。
3、借地物件は地主さんにお勧めです。
4、借地の場合、名義書換料・保証金などの条件は、根拠を確認しておきます。

Case 2

もったいないですが、元の店舗を壊して考えました

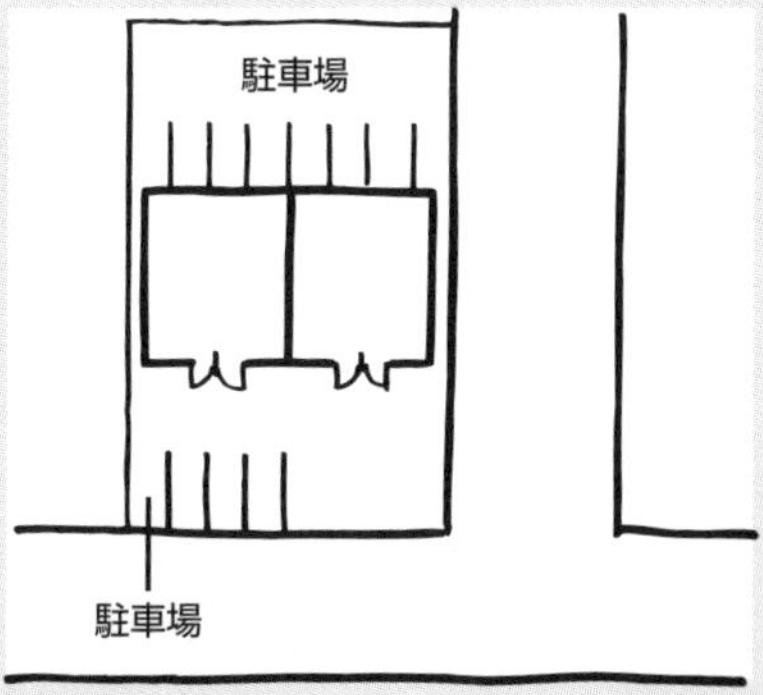

・地下鉄停車駅徒歩13分
・物件価額1億8,000万円
・住居付き空き店舗
・土地面積605㎡
・建延面積376㎡
・鉄骨2階建て
・築21年
・空渡し
・東向き

数か月前、この物件に興味を持たれたのは真野さんで、真野さんはかなりの資産家です。

相続税対策のため、ご両親は多額の借金をしてマンションを建築し、相続税評価額の低減に力を入れてこられました。実際に相続が発生し、一定の効果はあったのですが、真野さんは相続した不動産の収益性や維持管理費に疑問を感じ、所有不動産の見直しに着手したのです。

資産の組換えで、できるだけ手間のかからない収益物件を求めておられました。収益性の低い不動産は処分し、購入

のための資金はすでに用意され、私に物件の紹介依頼があったのです。

真野さんは高額納税者で、取得する物件の収益が高くても、利益の半分は税金になるという方ですから、投資利回りに対しても、実情を無視したような高い要求はありませんでした。それよりも資産価値の高い、いざというときに処分しやすい不動産で、かつ維持管理が楽で費用負担の少ないものを望まれていたのです。

それらの条件を満たす収益物件を探しましたが、そう簡単には見つけることができませんでした。それでも、真野さんは「焦っていませんから、ゆっくり探してください。和合さんならきっと見つけてくださると信じています」と殺し文句。私はじんわりとプレッシャーを感じるのでした。

依頼を受けてから3か月が経過しました。そんなある日、まだオープンになっていない住居付き店舗の売り物件情報があると聞き、早速現地へ確認に行きました。そこには角地に建つ2階建て鉄骨造の建物がありました。

1階が2店舗、そのうち1店舗（20坪）は空き状態で、1店舗（40坪）は所有者の方が店舗経営をされていました。2階は住居（33坪）として所有者の方が使用され、残りの部分は以前1階のテナントが事務所（20坪）として使用していたようで、現在は未利用状態です。店舗の前には数台止められる駐車場がありました。建物の裏にも月極駐車場があり、14台ほど貸していました。金額的にはこの規模なら高くはありません。
数日後、建物の中を拝見しました。自宅部分は非常にきれいに使われており、築21年とは思えないほどで、このオーナーさんご家族の人柄がわかります。空き状態の店舗および事務所部分はスケルトン状態でした。この1階、2階の店舗事務所を月額30万円で借りたいと、つい最近も話があったようです。しかし売却を考えておられる売主さんは、それが売却の足かせになってもいけないと、断っていたのです。

私は物件概要書を見たときから、「これは面白い収益物件に化けるかも」と思い、現地へすぐさま飛んでいったのですが、見てからその思いはますます強くなりました。「何とかこの物件を私のお客様に買っていただこう」と胸の高鳴りを覚えたことを思い出します。自分が「いいな」と感じたときは、なんとなくわくわくするものですよ。このケースで売買が成立すると、空き状態で引渡しを受けるのですから、その後の物件価値の高め方、すなわち収益物件化は私の力量にかかってきます。

まずテナントイメージを膨らませて、その実現に向けて汗を流すことになります。最後、形になったときの達成感はひとしおです。その喜びはこの物件を買ってくださるお客さんと共有化できるのです。そこにはWIN―WINの関係が成立し、この仕事をしていて良かったと再認識できる瞬間でもあるのです。

このような物件をお勧めするお客さんのイメージは、収益物件付きの居宅をお探しの方で、物件価額の半分以上、自己資金の用意が可能な方というのが対象になります。そこであるお客様の顔が浮かび、早速紹介をさせていただきました。その方は将来の年金生活の不安を解消しようと、大きな自宅を売却し、その資金で収益物件と新たに居宅を購入するという計画を持っておられました。まだ自宅の売却はしていませんでしたが、私もその仲介のお手伝いをすることになっていましたので、自己資金の保有状況等をお聞きし、自宅の売却と平行して、収益物件を探していたのです。

もし気に入っていただければ、契約をまとめることは可能であると考えました。すぐさま物件見学を希望されたので、案内しました。「どうですか」と聞きますと、悪い印象ではなかったようですが、そうかといって非常に気に入ったわけでもないというのが正直な感想でした。この方は今回初めて不動産の売買を経験されるので、収益といっても私の話だけではイメージできないでしょうし、現在のお住まいとは環境が全く異なるので戸惑いもあったと察しました。その後ご家族とも話し合われ、この物件の購入は見送ることにされました。

私は実のところほっとしました。それは収益不動産について経験のない方にこの物件をお世話して、全面的に頼られても、100％の安全保証はできないためです。判断には必ず自己責任を伴います。この認識の浅い方に、リスクのある物件をお勧めするのは、私としても正直怖いのです。この物件は空室渡しですから、予想収益率を立てることはできても、収益率の保証はできないからです。

この物件情報を入手してから、直ちに私はテナント誘致の活動を始めていました。1階は2店舗として貸すことを想定して合計賃料を80万円としました。周辺の店舗賃料の相場は1万円／坪が限度だったので、70万円以上の金額で引き合いがあればＯＫと思っていました。賃料が高くとも出店してくれそうなテナントさんに次々紹介しましたが、なかなか良い反応がありません。1か月がたち、やっと引き合いがあったのですが希望賃料は40万円でした。これでは相場賃料にも満たず、とても収益物件になりません。

そこで方針を転換し、先にこの売主さんのところへ借りたいといってきたテナントさんに、1階・2階の店舗事務所を月30万円で借りていただき、残りの店舗部分を改めて40万円で募集することにしたのです。裏の駐車場は1台1.3万円ですから、14台×1万3000円＝18万2000円です。そうしますと月額賃料の合計は30万円＋40万円＋18・2万円＝88・2万円ということになります。自宅部分は収益を生みません。

この物件の評価をしますと、土地の坪単価は相場で80万円、土地代は183坪×80万円＝1億4640万円で、建物価額は1億8000万円－1億4640万円＝3360万円ということになります。これは妥当性のある金額です。自宅部分を土地代込みで4000万円と評価するなら、1億8000万円－4000万円＝1億4000万円で利回りは88・2万円×12÷1億4000万円＝7.6％となります。自宅部分は改修工事が必要になるのでまだ費用がかかります。仮に自宅としないで賃貸に出された場合、賃料は月額20万円ほどでしょうから、先の計算にこの部分の収益を加えてみると、108・2万円×12÷1億8000万円＝7.2％と、反対に利回りが悪くなります。この机上の計算には不確定要素が大きく、これではあまり経験のないお客さんを説得するには不十分です。そこでこの状況をお話し、数人の経験豊富な不動産投資家の方と、複数の業者さんに物件紹介をしました。

個人投資家の方々からは「不確定なこの利回りでは判断のしようがない」ということですべて断られました。業者さんの半分は「興味あり」の回答でしたが、すべて指値が入り、その金額の最高値は1.4億円でした。これでは話がまとまりません。

今回は、私も見る目がなかったのかと、少し落ち込み気味でした。この不動産の収益性はもっと高いはずだと思ってはみたものの、収益物件としての組立てができなければどうしようもありません。

何とかしたいと諦めきれずにいたら、売主さんの状況が変わってきたのです。当初売主さんはできるだけ高く売却して現金化したいと思われていたので、焦ってはいませんでした。でもだんだん今の商売をできるだけ早くやめて、のんびりしたいと思われるようになってきたのです。

これまでの買手の引き合いについては、仲介業者さんを通じて報告していたので、状況を理解し、売値を下げてでもと、この不動産の早期売却を望まれたのです。そのことを聞いて、再度組み立てを考え直しました。今回は全く発想を転換しました。今までは建物がまだ十分に活用できるということでテナント活動をしてきました。ネックになったのが、駐車場の配置場所で、店舗の裏側では利用価値がないというものでした。それでは、反対に駐車場の利用価値を高めれば、テナント賃料は上がるというわけです。そのためには建物の位置を移動させる必要があります。現実的には移築ではなく解体ですね。

今度は全くの更地状態から、テナントを探そうと考えました。これまでに出店検討をしていただいたテナントさんの中で、返事が早く、対応のよかったところに再度声を掛けました。今回は希望賃料を先方から提出していただくことにしました。間もなく「月額賃料を80万円としたリースバック方式で借りたい」というオファーが返ってきました。私はこの金額は低いと感じました。しかし、時間的猶予はありません。なぜならこの物件がまもなくオープンにされてしまうからです。今まで活動してきたことが、無駄に終わる可能性もあるので何とか現状況で購入を決断してくださるお客さんを探さないといけません。

物件価額は解体費込みで1.6億円になりました。そうしますと先のテナントさんに貸したとしまして、表面利回りは80万円×12÷1億6000万円＝6％となります。更地後の土地代は1億6000万円÷183坪＝87・4万円／坪となります。この金額であれば最悪1～2年持っていただければ、土地価額の上昇で損をしないでも売れると判断し、真野さんにこの物件を紹介させていただきました。

これまでの状況をお話し、表面利回り6％の新築店舗が建つことを前提に検討していただきました。そうしたら1時間も経たないうちに「そこまで和合さんが調べられているなら安心です」といっていただけました。時間が迫っていたのは事実ですが、まだこの物件を見ていない中での判断です。私は「本当にいいのですか？」と心配になり、「後日見に行きますから」といわれて、その場でこの物件の「不動産購入取り纏め依頼書」にサインをいただきました。ここまでの信頼に感謝の気持ちが溢れ、「できるだけのことをしよう」と強く決意しました。

売主さんの真野さんに対する売却意思もすぐに決まり、2週間後に売買契約をする運びとなりました。まだ店舗経営をされていることや、引越し先もこれから探されるということで物件の引渡しは2か月先になったのです。私にとっては好都合でした。真野さんの所有になることが確定したので、焦らずにテナントさんと交渉することができます。この物件が誰のものになるか、わからないのではテナントさんに力が入らないのも事実です。それは承知の上で誘致活動をしてきたのですが、条件次第で確実に「借りられる」となると、テナントさんの意気込みも変わってきます。この物件の周辺では新たな住宅が立ち並び、今も新築戸建てや分譲マンションの建設もされています。ここは将来的にもっと発展すると思ったので、その点を強調し、テナントさんに話をしていきました。

それと平行して周辺人口の動態調査をしてみたところ、ここ2～3年でかなり人口が増加していることがわかったのです。すなわちマーケットが変わっているということです。この事実をベースに賃料設定を月額120万円として再度テナント誘致活動を始めたのです。賃料は高目でしたが、それでも引き合いはありました。そこは大手の物販店で、賃貸借の条件を詰めていったのです。最終的に20年のリースバック方式で月額手取り家賃を125万円（保証金2000万円、敷金1000万円）にするか、もしくは土地の定期借地20年で月額地代120万円（保証金500万円）のどちらでも地主さんの要望で決めてよいということになりました。

これはどちらにしても非常に良い条件だと思い、真野さんにその旨を伝え、判断を仰ぐことにしました。「明日来てください」との返事で、自宅に伺ったら、「和合さんでしたらどうしますか」と私に判断を委ねられるのです。私は笑ってしまいました。真野さんは私のいうことを何の疑いもなく信じています。正直いってもし私が判断ミスをしていて、先の月額80万円でも話がまとまらず、借り手を見つけることができなかったらと思うと不安もありました。でも真野さんは懐が深く少々のことでは動じない人で、真野さんのために一所懸命やってきたことが、お釈迦様の手のひらの上で、もがいていた孫悟空と自分が重ね合わさったようでおかしくて、笑ってしまったのです。

真野さんはどんな結果も受け止めてくださる方なのです。そのことは売買契約時にも感じました。物件を見ていただけていると思っていたのですが、忙しくて現地に行く時間がなく、見ておられなかったのです。私はびっくりして「それで本当に契約をして大丈夫ですか」と尋ねました。申し訳なさそうな表情をされ、小さな声で「それが理由で契約を反故にすることはありませんから」といわれたのです。私はそのときもその真野さんの表情がおかしくて、笑ってしまいました。

話を戻します。真野さんの質問に、私は「定期借地をお勧めします」と進言しました。リースバック方式だと手取りベースで月額5万円高く取れるのに定期借地を選んだのは理由があります。読者の皆さん、考えてみてください。

私の考え方はこうです。この賃料はかなり相場より高いので、もしテナントさんの予想通りの売り上げが立たないとなると、退去の可能性もあるわけです。その場合、リースバック方式ですと、内装部分や設備を除き建物の所有者は真野さんになりますから、建物は残され、敷金、保証金の一部は返還しないといけないのです。そのときの資金負担を考えたのです。

リースバック方式ですと、建物の償却がとれ、所得額はその分圧縮されるのですが、真野さんは税務上の特定事業用資産の買換え特例の利用も視野に入れておられましたので、そうなれば帳簿上の建物価額は圧縮されていることになります。経費算入できる償却額はほとんどないに等しいのです。もともと真野さんはできるだけ手間をかけずに、維持管理費のかからない物件を希望されていました。リースバック方式ですと、建物の躯体や外装は真野さんの所有になるので、不都合が出た場合の修繕費の負担は真野さんになるし、建物の固定資産税や火災保険料も負担しないといけません。

その点、定期借地ですと単に土地を貸すだけですから、建物所有はテナントさんで、万が一退去されても更地返しとなります。保証金は更地として返還を受けるまで返す必要はありませんから、リスクヘッジはできているわけです。固定資産税の負担も土地の分だけで済みますし、火災保険もかける必要はありません。建物に不具合があって呼び出されるということもないのです。すなわち手間は全くといってよいほどかかりませんし、維持管理費も発生しないのです。費用負担は土地の固定資産税・都市計画税だけです。

そういうことですから、私はこのケースでは、「定期借地」の方を真野さんに勧めたのです。真野さんも納得の上で定期借地を選択されました。定期借地といっても20年間地代が固定されているわけではありません。通常3年ごとに見直しがかかるのです。それを今回は「当初5年間賃料据え置きを条件として欲しい」と真野さんの方からいわれたのです。状況をよく理解していただいていることがわかり、私は大納得。テナントさんにはこの条件を承諾して

優良物件
5要素からの評価

総合点
24点

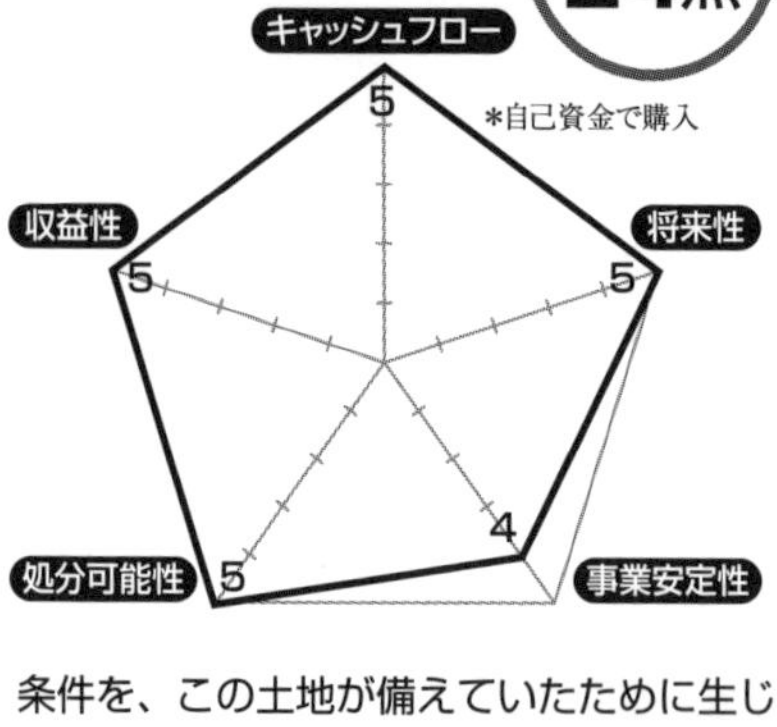

■和合　実の目

この物件には高得点を出しました。売り物件がオープンになる直前のところで売買契約をしていただきました。良い収益物件化を諦めずに、とことんこだわったことが結果に出たという感じです。

すべての土地でこういうことができるわけでは決してありません。テナントさんが出店したくなるような条件を、この土地が備えていたために生じた結果なのです。不動産を見たときに、ここまでの結果を予測するのは正直至難の業かもしれません。でも大口資産家で、店舗を所有するしっかり者の方はこういった物件を数棟持っています。実は、私はそういう方に「店舗」の面白さを教わったのです。

いただきました。

ここで表面利回りの計算をすると、120万円×12÷1億6000万円＝9％となりました。もちろん仲介手数料や登録免許税に不動産取得税を計算に入れるともう少し利回りは落ちますが、土地だけでこれだけの収益を生む物件というのを、私自身も滅多に扱うことがありません。真野さんの「無欲の勝利」かも知れませんね。

この後、私が先に紹介をした不動産投資家の方から、「あの物件はどうなりましたか」と問い合わせがありました。私が状況を話しますと「しまった」と残念がられました。きっとここまで投資効率の高い物件になるとは、読み切れず想定外のことだったのでしょうね。今回のケースでは、実際には真野さんがこの不動産を選んだのですが、私には、なぜかこの不動産が真野さんを選んだように感じられるのでした。

ポイント

1 空き店舗の場合、入居テナントのイメージができる物件かどうかで購入判断をします。
2 現状店舗によるテナント付けでは収益性が十分でない場合、思い切って更地から考えましょう。
3 相続のことも大事ではあるが、テナント退去時のことも考えて、リースバック方式か定期借地方式を選択します。
4 賃料が高めに設定されたときは、賃料の改定時期をできるだけ先になるような契約にしましょう。

Case 3 2方向幹線道路角地店舗は超お勧め！

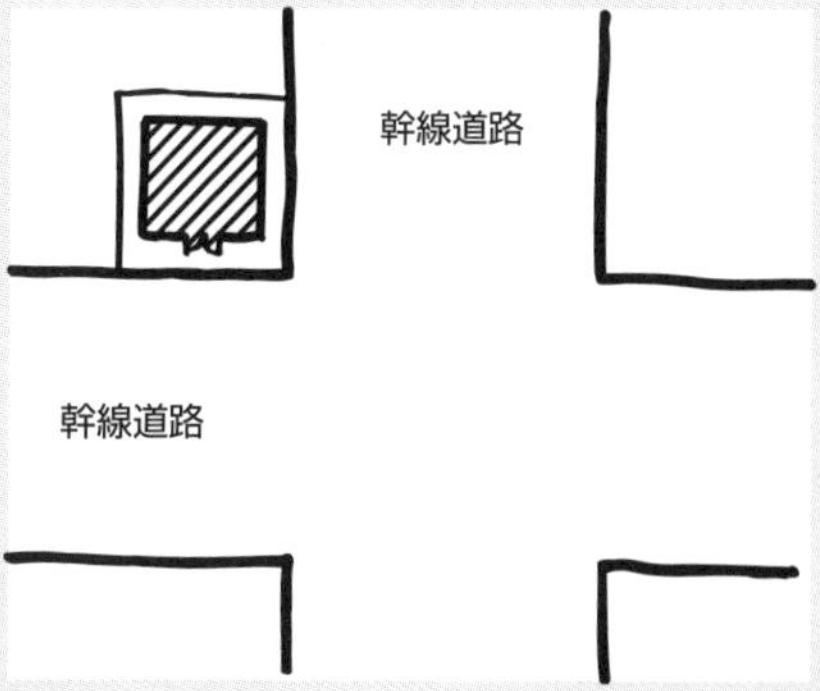

- JR停車駅徒歩25分
- 物件価額１億円
- 物販店舗
- 土地面積430㎡
- 建延面積156㎡
- 年収900万円
- 持回り保証金800万円
- 鉄骨２階建て
- 一棟貸し
- 築19年
- 角地

この物件は3年前、松居さんに購入いただきました。物件の特徴はテナントさんが一番好む幹線道路の角地であるということです。ただし、土地の面積は１３０坪ですから、多くのテナントニーズから見るとちょっと小さめです。この物件のテナントさんは20年のリースバック方式で借りていて、その期限がまもなく切れるため、所有者の方が売却に出された物件です。

テナントさんもどちらかというと手狭に感じており、いい物件が近くで見つかれば出て行きたいという意向だったのです。そのような売却理由なども調べ、それを承知で松居さんにお勧めしました。

建物はほぼ償却済みで金額的価値がありません。すなわちこの物件の価値は土地なのです。もしこのテナントさんが出て行きますと、800万円の保証金を返済しなければなりません。1億円+800万円+200万円（解体費）＝1億1000万円がこの土地の価額となります。そうしますと、土地代単価は1億1000万円÷130坪≒84・6万円／坪となります。この時期の周辺相場は路線価額とほぼ同じでしたから、62万円／坪です。84・6万円ですと路線価額の約1・36倍です。この当時はこれでは高すぎるというのが一般的な土地の見方でした。都心部周辺の駅から徒歩圏でない土地は路線価額を下回って取引されていた時期ですから、正直私も勧めることに全く迷いがなかったわけではありません。しかしながら、このような幹線道路の角地は多くのテナントさんが望むところですし、欲しいと思ってもなかなか売り物件として出てくるものではないのです。

そこで、この物件を所有するに当たってどのようなリスクがあるのかを検討しました。

① 土地の値下がりリスク

今後も値下がりはあるかもしれないと思いましたが、10年単位で見ると必ず上がる時期がくるという思いがありました。これははっきりとした根拠というより、私の勘です。長期保有を前提とするならば、大きな失敗はないと感じていました。現に今では全くその心配もなくなりました。

② テナント退去のリスク

車でこの幹線道路を走ってみたのですが、近くにはテナントニーズにあった広い空地はありません。すなわちこのような立地条件のところはなく、「出て行きたくとも出て行けないのではないか」と考えました。仮に出て行かれたとしても、ここに出店したいテナントさんはきっと見つかるという勘が働きました。

③ 借入金の返済リスク

松居さんは手持ち資金での購入ですから、ここの賃料が入ってこなくても生活になんら影響はありません。

④ 保証金返済リスク

次のテナントを見つけるまでの立替払いで、松居さんに資金の不安はありません。

⑤ この物件を購入しないリスク

両面幹線道路の角地物件は滅多に出ないのです。私も数件しか扱ったことがありません。少々相場より高いのはあたり前です。私が売るときでもこの値段を付けるでしょうから、それは仕方ありません。それを理由に購入しないのならば、今後これほどの立地条件の良い物件はいつ出てくるかわかりません。「あの時買っておけばよかった」と後悔するかもしれませんね。

そんなわけで、松居さんなら購入を勧めても問題なしと判断したのです。物件は「人によって勧めれる場合と勧められない場合がある」という私の考え方を理解いただける一例です。

検討したリスクすべてについて松居さんに説明し、納得のうえで契約をしていただいたのです。あれから3年、私はこの店舗の店長とも親しくなり、本音を聞かせていただけるようになってきました。やはり退去するには次の出店地が見つからず、それもできないようです。賃料の値下げをして欲しいようですが、それは私が「上げたいくらいです」といっていますので、

優良物件
5要素からの評価

総合点
20点

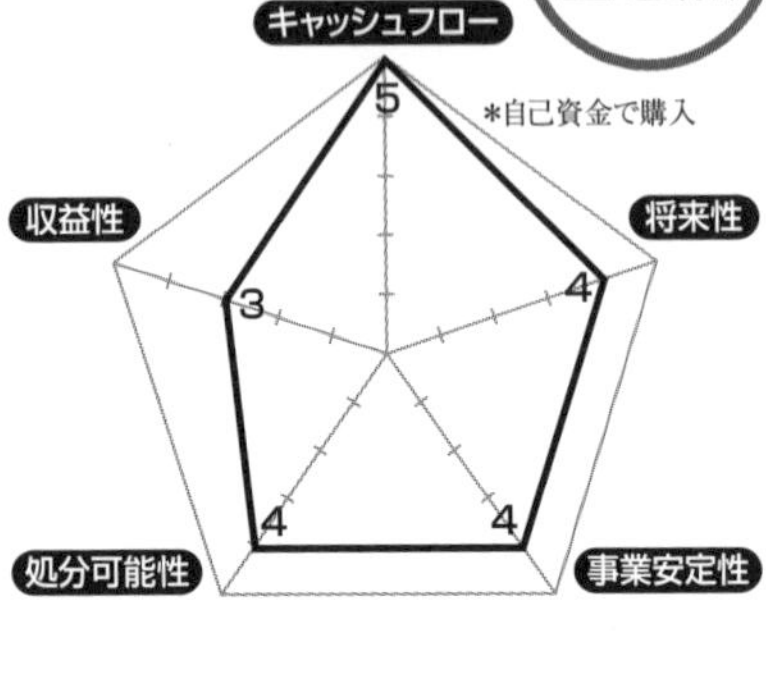

■和合　実の目

土地の面積がロードサイド物件にしては少し小さめなのですが、小さな土地でも幹線道路の角地であれば、出店したいという多くのテナントさんの出現を期待しています。現行の家賃はまだ上がる余地ありです。現テナントが退去したときは、次のテナントを必ず見つけると約束しています。松居さんとは長いお付き合いになりそうです。

それも叶わず現状に甘んじるしか術がないようです。

最後に返還保証金や解体費を入れた表面利回りの計算をすると、75万円×12÷1億1000万円≒8.2％となります。

ポイント

1 両面幹線道路角地物件は希少価値を加味し、多少高くても購入をお勧めします。

2 リスクには「買わないリスク」もあるのです。

3 テナントさんが賃料値下げを要求してきても、このような良い立地の場合、拒否をするなど、強気で臨んでも解約されることはまれです。

4 反対に、他に賃貸条件の良いテナントが見込める場合、時期を見て現賃料の値上げ要求をすることも可能です。

Case 4 小ぶりの土地でもいい物件になりましたよ

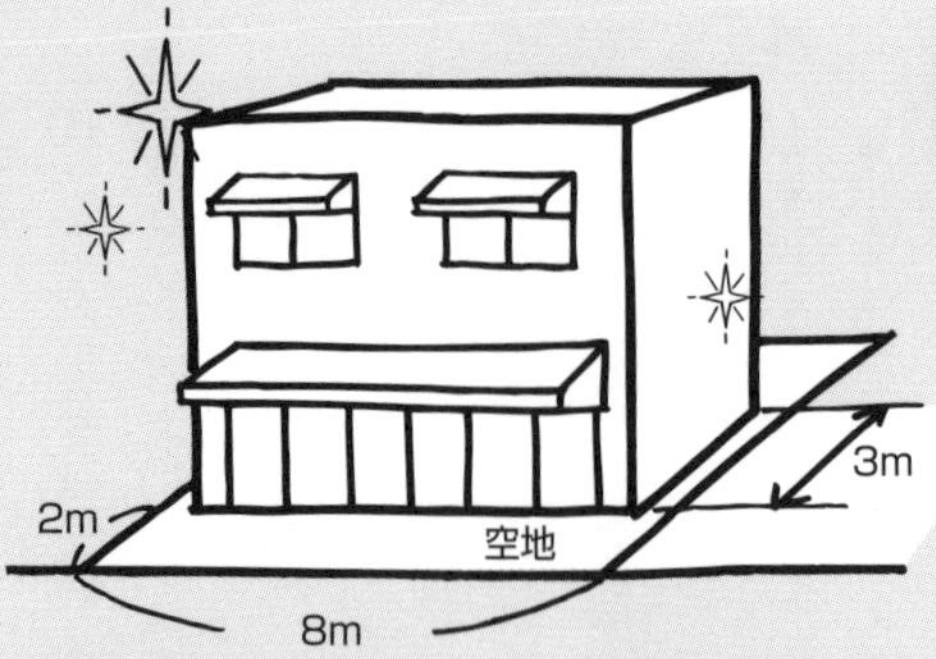

・地下鉄停車駅徒歩２分
・物件価額5,600万円
・新築空き店舗
・土地面積47㎡
・建延面積50㎡
・商業地域
・容積率600%
・鉄骨2階建て
・新築
・空渡し
・東向き

この物件は土地が小規模なうえに、大阪の都心部で「船場後退線」というのがあって道路と敷地の境界線から2ｍの範囲は建物が建てられないため、1階の専有面積が20㎡という超小型物件です。しかしこの物件には良いところもあります。

①　まず間口が8ｍと広いこと
②　駅から近く、多くのサラリーマンの通行経路であること
③　大通りより一筋中に入っているが周辺に超高層マンションやビル、ホテルの計画があり工事も進んでいることか

ら、商売上今より立地環境が良くなること
④ ③の結果、前面道路がこの辺り一番の通行経路としてにぎわうことが予想されること
⑤ この周辺では総額1億円未満の土地の売り物がめったに出ないこと
⑥ 新築物件であること

以上が、私の見たこの物件の面白さです。将来は資産価値が上昇すると思います。店舗面積が小さくともビジネスエリアの中心街ですから、きっとこの物件にあった小さいなりの商売があると判断しました。

そんなことでこの物件が売り物になったとき、すかさず声を掛けたのが岩下さんです。岩下さんはご高齢にも関わらず、私の勉強会に2クール（14回）出席され、お子さんたちのためにも資産価値のある物件を望まれていました。すでに購入資金は用意されていました。その金額も承知していましたので、私の脳裏に岩下さんの顔が浮かんだのです。

物件を見にきていただいたときはまだ更地状態で、建築確認の許可がおり、今まさに着工しようとしている状態でした。どんなものが建つのか、岩下さんには十分想像できていなかったのではないかと思います。設計図書でいくら説明しても実際にでき上がるまではイメージはしにくいものです。岩下さんは私に「お任せします」といわれたのですが、全権委任されても、正直こちらも困ってしまいます。

とにかく話を進めてくださいということになり、私は岩下さんに代わって売買金額の値交渉から始めました。結果300万円の値引きで話がまとまり、岩下さんからは「すぐにも売買契約をします」と返事をいただきました。現地確認をしてから、2週間後には契約というスピードです。これから建物を建築する物件ですから外壁、窓枠、シャッターの色決めや段差の処理方法、出入り口の床の仕上げなど、数々の打ち合わせをしないといけません。しかし遠方にお住まいの岩下さんは高齢ですし、その都度きていただくのも大変だと感じたものですから、了解を得て私が岩下さんの代わりに打ち合わせに参加し、電話で判断を仰ぎました。そのときいつも「お任せします」といわれる私にとっては毎回責任を感じながらの打ち合わせでした。

幸いこの物件は2か月ほどで竣工に至りました。建物の中はスケルトン状態で、鉄骨が立ち上がって上棟しますと、あっという間にでき上がりです。竣工検査も無事終わり、検査済証の取得をもって引渡しとなりました。上棟したころよりテナントの募集活動に入りました。私自らテナントさんに声を掛けていきました。

周辺の相場賃料は1階の坪単価が2万円、2階は1万円です。3階エレベーターなしは7000円です。そうするとこの物件は1階6坪、2階6坪、ロフト3坪ですから6×2+6×1+3×0.7＝20・1万円になります。一棟貸しですから多めに見ても25万円くらいではないかという意見が大勢でした。

しかし、私は40万円を目標にしたのです。その理由はこのエリアの将来性です。岩下さんには「そんなに無理をしなくていいですよ」といわれたのですが、いったん決まった家賃はなかなか上げにくいものですから、それより下がることは承知で高値挑戦をしました。岩下さんには「25万円の月額賃料があればいい」といわれましたが、それでは25万円×1・05×12÷5300万円≒5.9％と表面利回り6％にも満たないわけですから、私が納得できません。とにかく少しでも高く借りてくれそうなテナントさんを探しました。

竣工後1か月が過ぎました。「見学したい」との申し出は数々あるのですが、「賃料が高すぎる」という言葉が返ってきます。それでも「何とか成る、成らせてみよう」と自分を鼓舞して活動をするものの、引き合いがありません。仕方なく35万円まで募集賃料を下げ、再度看板も掛けなおし、関連部署の協力も得て物件見学の申込みを受けていきました。すると、まもなく賃貸借の申込書が入りだしました。賃料はテナントさんが自由に書き込み、思う賃料にはほど遠い状況で、私は少々プレッシャーを感じてきました。

このまま何か月もテナントが決まらないと、この物件がサラシモノになり、傷がつくことになります。それでは岩下さんに申し訳がありません。値段もさることながら、岩下さんのことを考えるとテナントさんは大手に越したことはありません。その場合は「家賃の指値はやむなし」と思い、早くテナントが見つかることを祈っていました。それから1週間後、大手のテナントさんから賃貸借の申込書が入ったのです。月額賃料は31万5000円（税込み）となっていました。ここは飲食店を数多く展開している私もよく知っている企業です。消費者金融業者から、この金額よりは少し高い賃料で借りたいとの打診を受けていたのですが、岩下さんのことも考え、この大手飲食店を推薦しました。岩下さんからは「お任せします」といつもの返事でした。少しでも岩下さんの有利なようにと思い、保証金については「200万円敷引きなし」との最終的に敷引き30％を承諾していただきました。これで31・5万円×12÷5300万円≒7.1％です。新築一棟貸し店舗で、この数字ならすれすれ合格点か

優良物件
5要素からの評価

総合点
22点

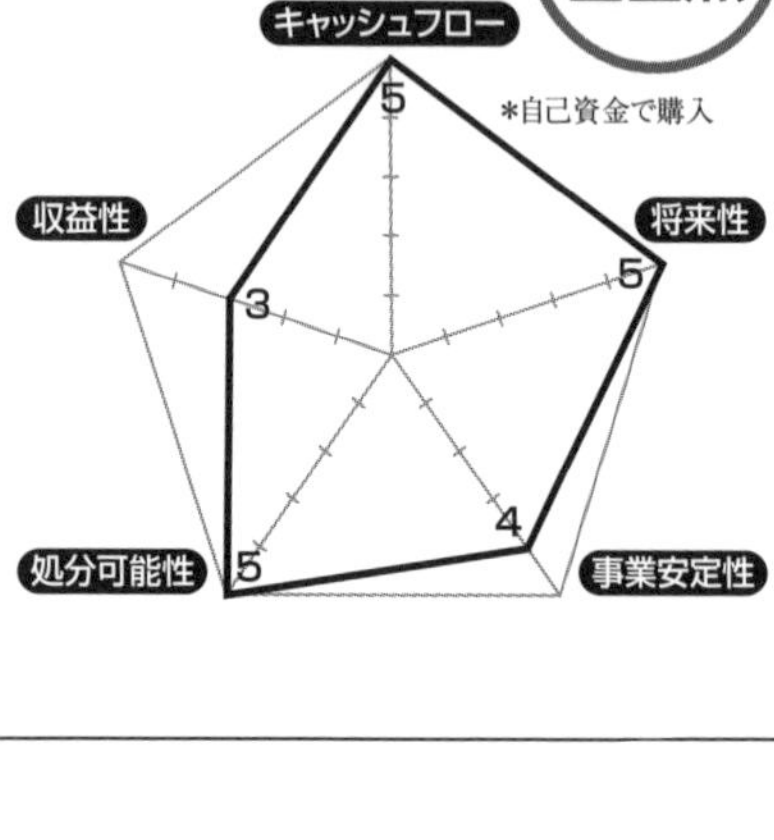

■和合　実の目

土地面積が小さい上に、建てられない部分があることは致命傷にも思われるのですが、間口の広さがそれをカバー。一度利用形態ができると、工夫を凝らせばもっと使い勝手の良くなる方法が見えてくるはずです。この物件にテナントが入らなくなったときは、実需でご使用になられる方への売却をお勧めしようと考えています。

なと思い、この条件で賃貸借の契約書に調印していただきました。岩下さんからはお礼の言葉をいただけましたが、この賃料に満足はしていません。近い将来この周辺が人通りでにぎわった暁には、賃料の値上げ交渉をさせていただいてもいいなと、思っています。私にとって救いは、もうすでにこの物件を6000万円なら買いたいという方がおられることです。今、これだけの評価をする人がいるということは数年後が楽しみですね。

ポイント

1　ビジネス街にある小規模でも間口の広い土地は店舗向きです。
2　将来の周辺状況の変化を考慮して物件購入を検討しましょう。
3　立地条件が良いと、少々賃料が高くとも興味を示すテナントは現れるものです。
4　テナントさんの当初売上予測より高い売上が実現すると、大手テナントさんなら、一般的に賃料値上げに応じてくれるものです。

Case 5

半年後、「買えばよかった」と悔しい思いをされた物件

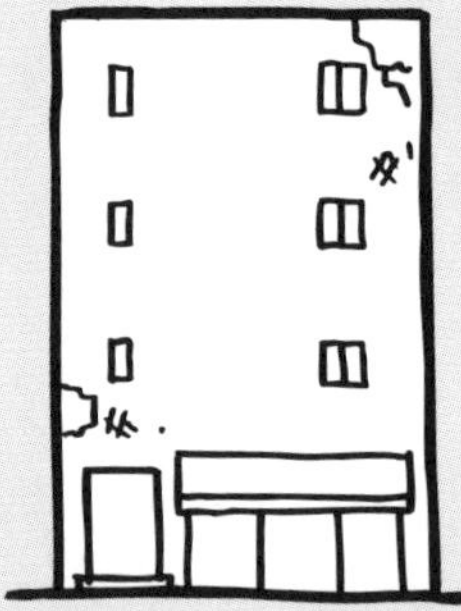

- 地下鉄停車駅徒歩６分
- 物件価額5,800万円
- 一棟貸し店舗
- 年収540万円
- 土地面積63㎡
- 建延面積225㎡
- 商業地域容積率800%
- 持回り保証金500万円
- 鉄骨４階建て
- 築年不詳の古ビル
- 西向き

これは一昨年末に勉強会でご紹介した物件です。この物件は築年不詳の古ビルで、おそらく40年以上は経っていると思われます。テナントは大手飲食チェーンです。表面利回りは５４０万円÷５８００万円＝9.3％です。値交渉は不可となっていました。要するに「この価額で買ってくださる方のみオファーをしてください」ということですね。

この物件は1階、2階を店舗とし、3階、4階は事務所倉庫として使っているようです。建物価値はほ

とんどありません。土地値で資産価値を判断すべき物件です。

前面道路は25mの大通りに面し、交通量の多いビジネス街に位置します。容積率800%を消化することは無理ですが、でも600%なら取れます。当時1種単価が50万円でしたから6種ですと坪単価は300万円です。そうするとこの土地の評価額は300万円×19坪＝5700万円です。それに解体費をプラスしても、ほぼ物件価額相当額です。この物件を紹介したときはオファーが出ませんでした。その理由として、

① 平成19年にこのテナントさんとの賃貸借契約が切れることになっていたこと
② そのときの返還保証金が500万円あったこと
③ 契約延長がなされても同条件で貸せるかどうかわからないこと
④ 建物の設計図書は残っていないこと
⑤ 外壁の痛みが目に見えてわかり、修繕費も嵩むと見られた方も多かったこと
⑥ この物件には融資が付きにくいこと

などが上げられます。でも別の見方をしますと良いところもあるのです。テナントさんが出て行けば、解体後更地転売という手段が取れます。また、テナントさんから賃貸借契約の延長の申し出があった場合は、期限を切って貸せばいいのです。相手は大手ですから、そんなに無茶はいわないと思います。もともと自己資金の用意できる方に限定して勧めた

のですが、紹介したときは、どなたからも「買いたい」との返事をいただけませんでした。

　結局この物件はまもなく他社仲介で、不動産業者さんが購入されました。半年が経ち不動産価額は上昇してきました。この物件の周辺相場は1種単価60万円です（今では坪450万円ですが……）。そうしますと物件の土地価額は60万円×6種×19坪＝6840万円になります。

　この状況で初めて勉強会の方々から反応がありました。「以前ご紹介していただいたあの物件はまだ残っていますでしょうか」と3人の方より問合せをいただきました。その都度「すでに業者さんが買われました」と答えました。「もっと真剣に検討すればよかった」と悔やまれても後の祭りですね。オープンになった物件は待ってはくれないのです。業者さんの方が先を見る目があったということです。悔

優良物件
5要素からの評価

総合点
20点

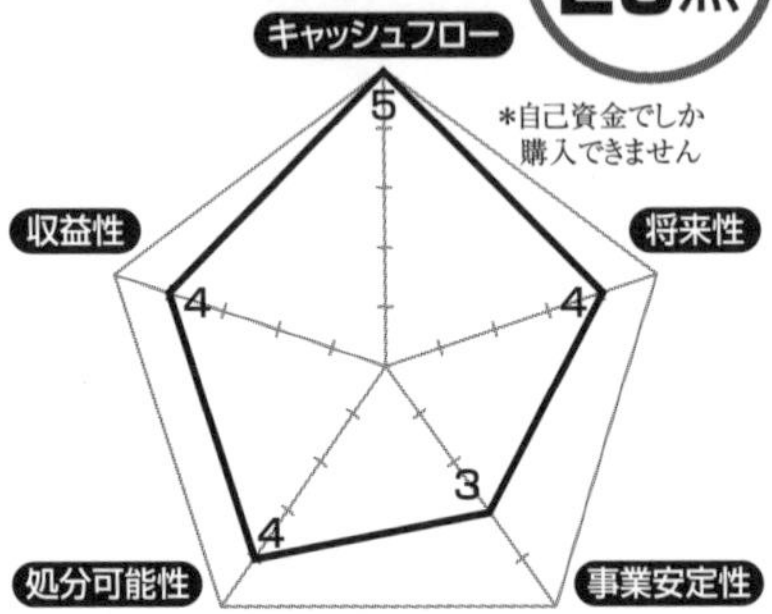

■和合　実の目
　これは出口が見えている物件であったといえます。こういう物件は築年数が古くとも十分に検討する価値がありますよ。

しさが残った物件のことを書くのはこれぐらいにしておきましょう。

ポイント

1　テナント退去後は売却して利益を出すという判断も、購入の決め手になります。
2　売上目標を超している店舗の場合、賃貸借契約の完了期限が到来しても、延長されるケースの方が多いのです。
3　リースバック方式で建物を建替えて貸すことも可能です。
4　人の気づく前にその物件価値に気づかないと、優良物件はいつまでも残っていません。

第5章

区分所有物件の見方

投資用区分所有物件の中には、ワンルームマンション、ファミリーマンション、店舗、事務所があります。一般的に、サラリーマンの方々にも馴染みのあるのはワンルームマンションではないかと思います。バブル景気の以前より、節税を目的としたマンション投資がはやっていました。このとき手軽に始められる不動産投資として、区分所有のワンルームマンションが注目されていたのです。そのころがワンルームマンション投資の全盛期ではなかったかと思います。

この時期と現在の不動産投資の狙いは異なります。以前は節税やキャピタルゲインで、今は安定収益としての家賃収入ですね。区分所有では、中古価額の上昇を期待しない方が良いでしょうね。今やキャピタルゲインを狙うのは余程目利きができないとむずかしいといえます。

実は私も不動産投資として区分所有のマンションを持っていました。目的はキャピタルゲイン狙いではなく、節税と老後のための安定収益のためでした。でもそれは大誤算であったのです。大きなキャピタルロスを抱え、その投資は全く失敗であったと思っています。このときの教訓が今は非常に役立っています。

ここでは、読者の皆さんに私と同じ失敗をされないようにアドバイスをさせていただきます。区分所有物件で絶対見落としてはいけないポイントは出口です。すなわち、どこかの時点で必ず売却を考えないといけないのです。特にワンルームマンションは「それがすべて」といっても過言ではないと思っています。私は区分所有のワンルームマンション投資を勧めたことはありません。その理由をこの章で確認していただければと思っています。

Case 1 ワンルームマンション、損をしないで売れますか？

この物件に興味をもたれたのは西山さんです。西山さんは30代のサラリーマンです。不動産投資をするのは実は今回が初めてです。不動産投資に当てられる自己資金は５００万円。目的は老後の年金不足を家賃で補いたいというものでした。

これまで数々の不動産投資関連本を読んでこられ、当初はアパートの取得を考えていたそうですが、自分のイメージに合うアパート物件に巡り合えず、いつまで探しても見つからないため、とりあえず区分所有物件から入ろうと思われたのです。

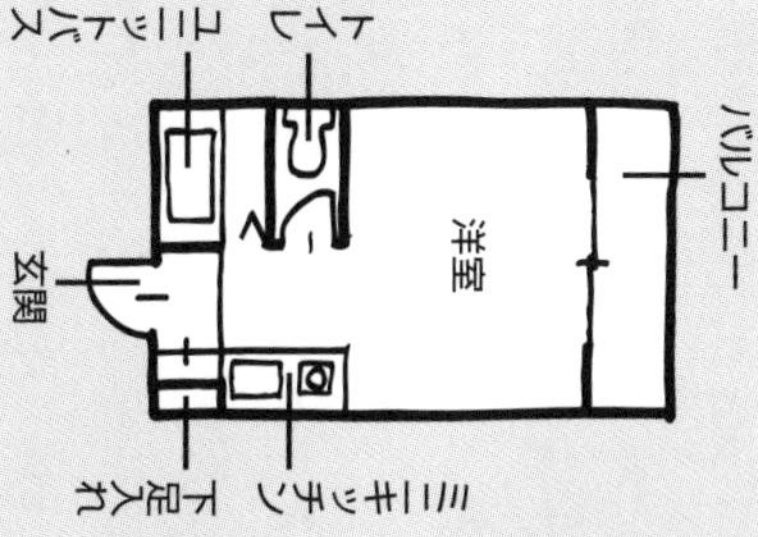

・地下鉄停車駅徒歩５分
・物件価額800万円
・現状年収78万円
・専有面積23㎡
・総戸数86戸
・商業地域
・容積率400％
・RC造11階建て
・築17年
・西向き

私も感じることですが、関西では本当にお勧めできるアパート物件は少ないように思います。資産価値として見た場合にいいものは利回りが悪く、利回りのいいものは将来的に資産価値の下落を招きそうな物件が多いのです。そんなことで、アパートを持つことが不動産投資の目的でなく、確実に安定した収入を得て、老後を安心して暮らしたいという目的をはっきりとイメージされたのです。

そのためには時代に応じて、不動産の取得と売却を繰り返してもいいのではと気づかれたのです。私はとてもいいところに気づかれたと思います。初めて不動産投資をされる人の傾向として、一度買ったものは終生持つものだと思っておられるか、あるいはその点について何も考えておられない方が多いように感じています。そこのところをしっかり考えていないため、収益物件を求めていても買う決断ができなかったり、買ってから後悔する人が多いわけです。

平成1年物ですから、当時の売り出し価額は2500万円台であったようです。賃料は当時とさほど変わっていないようです。現所有者もサラリーマンらしく、キャピタルロスを出しても、現金化したいという理由があるようです。

この方も西山さんと同じような目的でこの物件を購入されていたかもしれませんね。でも人生何があるかわかりません。急に現金が必要となって売却せざるを得ないこともあるのです。このときに借金が残っていない物件ならまだしも、売却価額よりも借入金残高のほうが多い場合は、物件だけで考えると債務超過ということですから、売るに売れないということもありえます。

このような状況にならないようにするために

優良物件
5要素からの評価

総合点13点

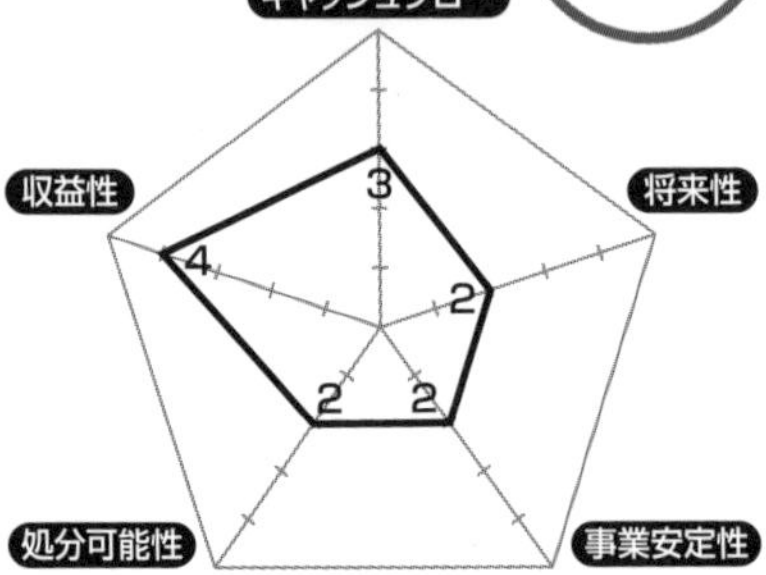

■和合　実の目

西山さんには私の考え方をお話したのですが、それ以来音信不通です。「西山さん、もし気を悪くされたのでしたら勘弁してください」私の考え方がすべてではありませんし、それを押し付けることもしません。失敗されないことを願っているだけです。そこのところは理解してほしいと思います。

は、常に売買相場に目を配り、仮に債務超過を起こした場合には、すぐに借入金の繰上げ返済できる資力を持つことが重要です。ワンルームの区分所有の場合、できるだけ自己資金を入れておくほうが安全というわけです。もしくはいつでも返済できる資金を手元に置いて借入れをするというのもいいでしょう。

西山さんはこの物件に３００万円の自己資金を投じる予定です。諸費用分と差額の５００万円を借入しようと考えておられます。表面利回りは78万円÷８００万円＝９・75％ですから悪くはありません。借入期間20年の3.5％の変動金利で銀行と話をされているようです。

西山さんは大手のメーカーに勤務されています。今はまだ独身で、借金がありませんから、融資は問題ないと思います。でも私は「お勧めしません」と断言しました。長期金利は上昇傾向ですし、家賃は相場より高い気がします。

西山さんの場合、これはあくまでステップとしての不動産投資ですから、必ずどこかで売却します。そのとき損を出さずに売ることを考えないといけません。私にはそこが見えないのです。西山さんが最終的にどのような判断をされたかはお聞きしていません。

ポイント

1 区分所有のワンルームマンションを買って、持ち続けるというのは何も考えていないのと同じです。
2 借入金利は他の物件に比し、高めになるので資金的余裕が必要です。
3 新築物件は利回りが悪く、古い物件の家賃は値下がり傾向にあります。そのため売却時はキャピタルロスが出やすくなります。
4 出口を考えると、よほど目利きができないと損をする確率が高くなります。

Case 2

高利回りワンルームマンション、利回りはいつまでも高いとは限りませんよ

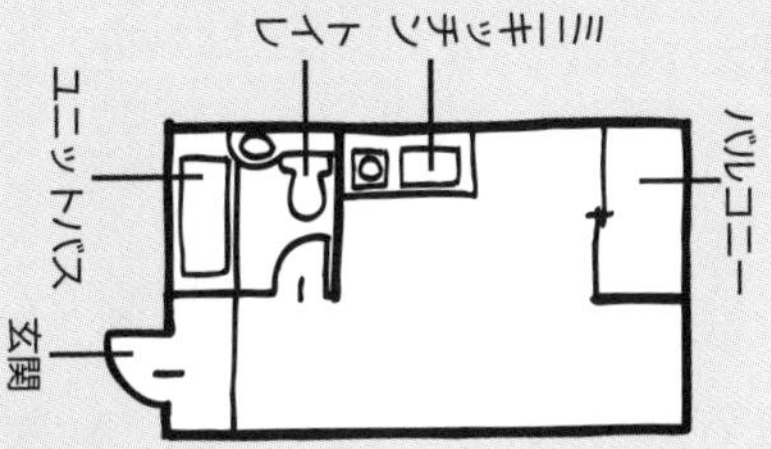

・地下鉄停車駅徒歩3分
・物件価額350万円
・現状年収42万円
・専有面積16㎡
・総戸数90戸

・商業地域
・容積率400%
・SRC造13階建て
・築21年
・東向き

この物件は収益性を重視した投資用ワンルームマンションです。水回りにはバス、洗面、トイレ一体型のユニットバスを使用し、ミニキッチンは室内にあるタイプです。小さな専有面積の中でよくまとまっています。学生さんには大人気で、当時は画期的な商品であったのです。それが時代は変わり、ワンルームに対する目も肥え、トイレは独立していないといやだとか、キッチンは独立した部屋の外がいいとか入居者の要求レベルがどんどん上がり、今ではこのタイプは敬遠される始末です。当然人気が落ちると家賃も下がらざるを得ません。

表面利回りは42万円÷350万円＝12％ですから高い利回りだといえます。

しかしいつまでこの利回りが続くかわかりませんし、この建物には空室も多く、今の入居者が退居しますと、次はいつ入居者が入るかわからない状況なのです。当然、入居者のいない状態でも管理費は払っていかなければなりません。これぐらいの金額ですと自己資金で買える方も多いかもしれません。しかしながら「買える」ということと実際に「買う」ということは別です。

たとえ、お金があっても必要ないもの、投資なら損をするのがわかっているものにお金を使いませんね。それがこのタイプの物件です。当面の運用を考えて購入された場合は数年で売却を考えておかれる方が良いと思います。少なくとも私の勉強会に参加された方々には勧めませんし、購入されない方がよいと思います。最終的にこれらのマンションは入居者がまばらになり、極端かもしれませんが、廃墟と化していくのではないかと思っています。

さらに、都心部では一昨年より地価の上昇が鮮明になってきています。でも中古区分所有のマンションの価額はすぐには反応しませんでした。新築分譲マンションの値段が上がりだした昨年、ファミリータイプの中古物件に割安感が出てきたので、やっとその価額に反転の兆しが見えてきたところです。

しかし、中古の区分所有ワンルームマンションについては、その兆しが見えません。むしろまだ下がっているのではないでしょうか。なぜなら、ワンルームは実需で買う人は極少数で、ほとんどが投資用と考えていいと思います。そのため、古くて出口の見えにくい物件を所有している人がそのことに気づきだし、今のうちに「いくらでもよいから売り抜けたい」という行動をとり、値段の下げ止まりがないのではないかと見ています。

この物件はそのような物件の一つだと思います。いくら利回りがよくても、下手するといくら値下げしても買手がなく、売却できないということになるかもしれないのです。そのことを十分理解したうえで検討してください。売却の段階で後悔するのはいやだと思われる人は買わないのが正解です。

購入するのもしないのも自由ですから、購入され

優良物件
5要素からの評価

総合点 12点

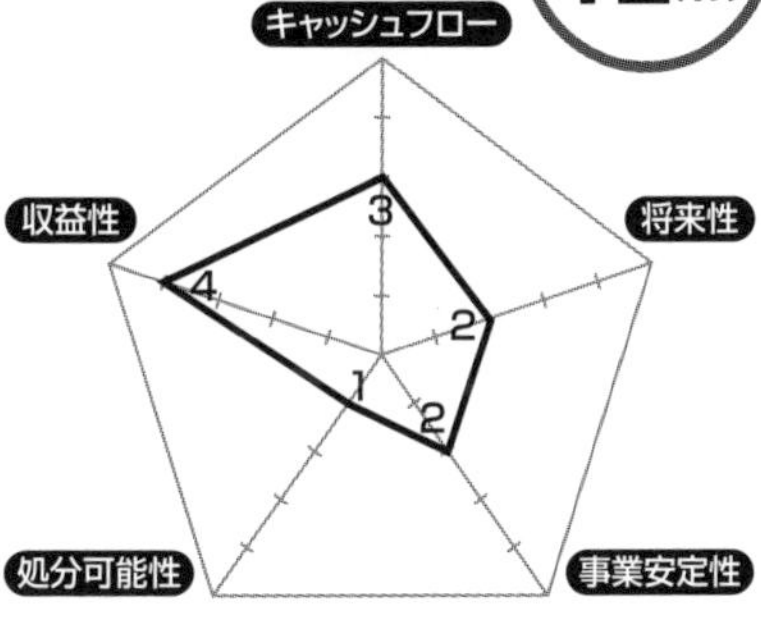

■和合　実の目

この手の物件をお持ちの方々がすぐさま、いっせいに売却へと動き出されることはないとは思うのですが、私の周りではその傾向にあります。

逆張りの投資法が利益につながるケースもありますが、そのリターンを得るためのリスクは、かなり高くなりつつあると思っています。

ても私は一向に構いません。将来予測というのは必ずしも当たるものではありません。私の見方も前提条件が変われば、おのずと変わるのです。失敗されないことを祈っています。

ポイント

1 専有面積18㎡以下の3点ユニット型バスタイプのワンルームマンションは、入居者に敬遠される傾向にあります。
2 「買える物件」と「買う物件」は違います。
3 たとえ利回りが良くとも、いつまでそれが続くかを考えましょう。
4 安くしても売れないという状況になる前に売却をお勧めします。

Case 3

都心型ファミリーマンション、インフレに強いと思っています

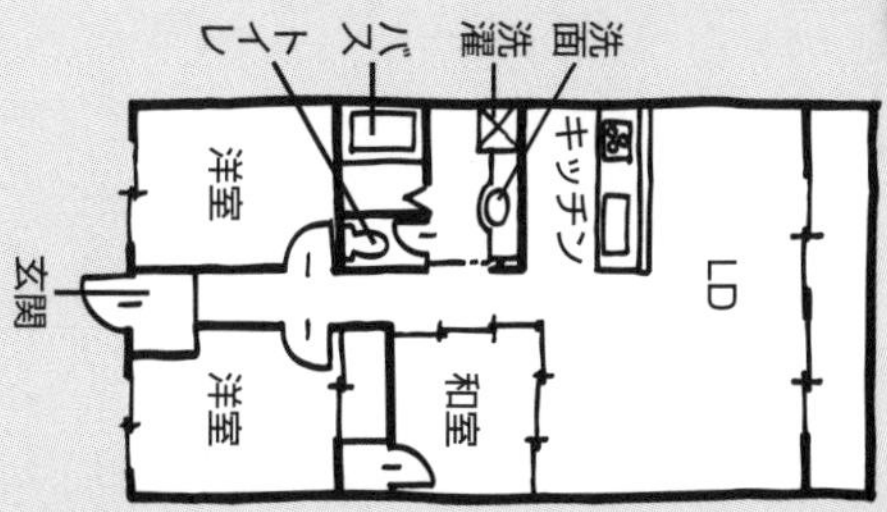

- 地下鉄停車駅徒歩５分
- 物件価額1,700万円
- 現状年収150万円
- 専有面積63㎡
- 総戸数54戸
- 商業地域
- 容積率400%
- SRC造14階建て
- 築10年
- 南向き

この物件は大阪市内の都心部に位置し、広い公園等も周辺にある職住近接型の分譲マンションとして、平成８年に売りに出されたものです。それが賃借人つきの収益物件として売りに出されていました。

私は、区分所有を投資用に考えている人には、ワンルームよりファミリータイプをお勧めしています。その理由はファミリータイプですと、実需のお客様にも買っていただけるからです。入居者が退去したときに、次の入居者を待つのではなく、そこで売却を検討することができ、損をしなければその決断もできるのです。

特に都心部のマンションは人気が高く、近くに公園があるのはプラス要素です。学校区も比較的都心部は良いところが多く、交通の便の良さや利便施設、文化施設、病院、デパート、娯楽施設等が2～3キロ圏内にあるというエリアに、リタイアした人たちが終の住み処として住居を求め、住替える人が多くなってきています。その需要の高まりが高額分譲マンションの売れ行きに反映されているのです。

長期的には、今の財政赤字が解消に向かわない限り、いずれインフレがくるという考えを持っているものですから、そのときにインフレ率以上に高くなるであろうと思われる物件を勧めています。それは都心にある不動産だと思うのです。元々賃料の高いマンションを借りられる方は、それなりの収入のある方で、インフレになってもそれに連動して賃金が上がる職業についておられるものです。一般的に賃料の安いところに住まわれている人は収入の低い人であり、収入の不安定な人も多いであろうと想像できます。したがって、インフレがあったときに賃料を上げることのできるマンションを持つことが大事な要素であるとわかってきます。人口は減少傾向ですし、世帯数もいずれは減っていくでしょう。

また、分譲マンションや戸建て住宅の販売が止まることはありません。すなわち賃借人のパイは確実に減少しているのです。「持っていても入らないのが賃貸住宅」という時代が将来くるような気がします。不動産投資をしている方やこれからしようとしている方には、その意識を持つことが必要であると感じていただければと思っています。

さて、話をこの物件のことに戻します。表面利回りは150万円÷1700万円≒8.8%です。この数字を高いと見る人と、低いと見る人に分かれるのではないかと思います。私はどちらかというと、高いと思っています。なぜなら新築分譲マンション1戸当りの建築費はおよそ1500万円です。すなわちこれ以上の利回りを求めること自体が関西圏では難しいということです。坪当り賃料単価は郊外型マンションより都心型マンションのほうが高いで

優良物件
5要素からの評価

総合点17点

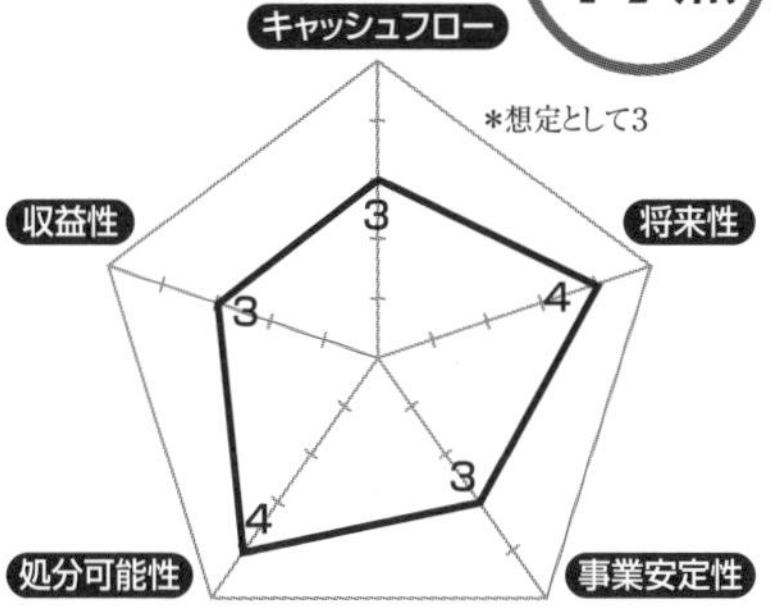

■和合　実の目

区分所有のもう一つの投資法に、建替え目前の物件を安く買って、新築時未入居の状態で売却しキャピタルゲインを狙う、あるいは利回りがあえばそのまま持ち続けるという方法もあります。ただし、これは時間のかかる方法ですし、どの物件が建替えを考え、実行するかを知ることは、その物件に住んでいる人か、建替えにかかわっている建築関係者しか知りえないことですから、情報の入手はむずかしいことです。でも容積率の余った物件の建替えですと、建替えに追加資金負担の少ないケースもありますので、時間がかかっても良いという人はそのような物件の所在をあらかじめ調べておくのも面白いかもしれませんよ。

しょう。

都心型のマンションで利回り10％以上を求めるとすると、築年数の古いものか、新しいものではよほどわけありのために設定された売却価額でないと、成立たない利回りということになります。まして、それを求めることのできる人とは、川上で情報を得ることのできる一握りの人だけです。

この物件でしたら、私は一般論として購入してもいいのではないかと思います。特に空室になったときには自分が住んでもよいと思われる人や、事業家の方で社宅として持っていてもよいという人は、それだけ出口が広がることになりますから、なお良いということになります。

ポイント

1 ワンルームよりファミリータイプをお勧めする理由は、実需でも売却できるからです。
2 都心部のマンションはインフレに強いと見ています。
3 賃借人というパイの奪い合いが始まっていることをお忘れなく。
4 「川上で物件情報を得たい」と誰もが考えるが、待っていても来ないのが川上情報です。

Case 4
出口の見えるファミリーマンション、これぞ川上情報物件

・ＪＲ停車駅よりバス便30分
・物件価額1,300万円
・現状年収120万円
・専有面積102㎡
・４ＬＤＫ
・総戸数400戸超
・SRC造14階建て
・築12年
・南向き

この物件はちょっとわけありです。物件の所有者は某ファンドで数十戸所有しています。元々このマンションを分譲したデベロッパーから完成在庫のバルク買いをして、10年ほど保有していたものを、このたび売却することになったものです。賃借人がいるので無理に追い出すことをしないという条件で、売りに出された物件です。もちろんオープンな情報ではありません。なぜなら、この物件は実需で売買されている価額の、約20～30％ほど下回った価額が設定されているためです。

物件の所在地は駅から遠いため、あまり

通勤通学に便利ではありません。でも近くには大型ショッピングセンターもあり、日常の生活にも不便を感じるということはありません。周辺には他の大型マンションが立ち並び、今も建築途上のマンションが分譲販売されています。また比較的大きな一戸建て住宅街区も隣接しています。都心部とは違って、空気の澄んだ緑の多い住環境の良いところです。400戸規模のマンションですから、敷地内の植栽も充実し、さながらオアシスといったイメージを演出しています。

区分所有の物件は基本的にどこかで必ず売却を考えないといけないと、何度も述べてきました。そのときに損失の発生しない物件が良いともいいました。その条件に合うのがこの物件です。購入時より含み益を抱えて保有できるのです。この物件は、現入居者が退去したときが売却時期です。そのときに経済情勢が現在よりも悪くなっていたら、売却価額は下がるかも知れません。でもそんな状況下では他のどの物件価額も下がっているでしょうから、そこは考えても仕方がありません。

冷静に考えますと、100㎡以上もあるマンションですと、建築費だけでもおそらく1700万円ぐらいはしますので、築12年でこの価額は通常ではありえません。この物件の新築当時の売出し価額は7000万円以上していました。5分の1以下の金額になっています。先ほどの建築途上の分譲マンションは、78㎡で3000万円を超えています。そのことからもいかにこの金額が安いか、わかっていただけると思います。

表面利回りは１２０万円÷１３００万円≒9.2％ですね。これは賃料が相場よりも安いため、利回りが悪くなっているのです。いずれ時期をみて、少しは家賃値上げの交渉をしても良いと思います。特に固定資産税が上がってきたら、それが理由になります。値上げが理由で退去されることになれば、逆にチャンスですよね。

私はこの物件を数人の方にお勧めし、実際に買っていただきました。初めて不動産投資をされる方には手頃な物件だと思ったからです。所有してみてこそわかる所有者の苦労もあります。それも感じていただければと思っています。融資もお世話しました。物件価額の90～

優良物件5要素からの評価

総合点19点

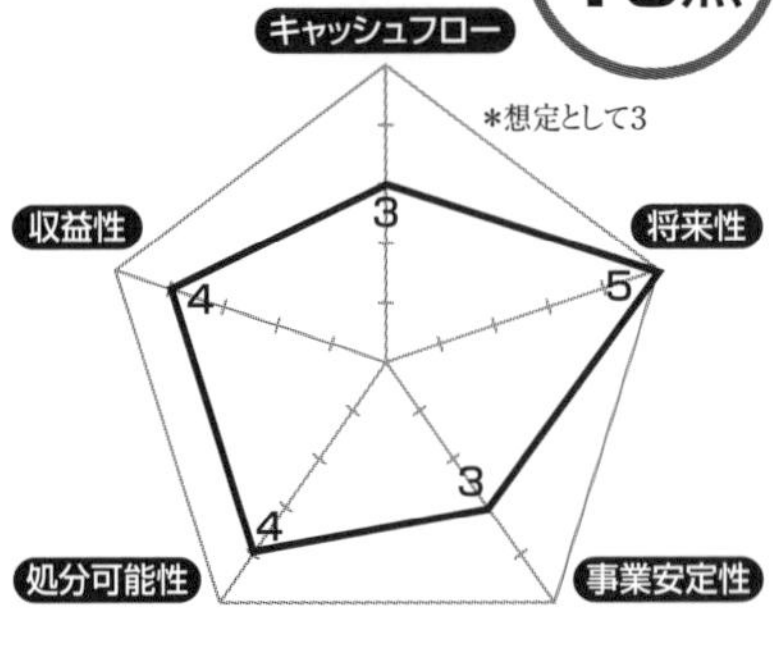

■和合　実の目

「クローズドな情報を得るには、どうすれば良いのですか」という質問もいただくのですが、「どこそこに行けばありますよ」と応えられるものではありませんね。クローズドな情報は急にくるのです。それにみんなが知れば、それはクローズドな情報になりませんからね。私も応えられないのです。申しわけありません。

１００％融資も可能で、しかも20年のローンが組めました。金利は２・４２５％の３年固定金利です。中には２戸まとめて現金で購入された方もありました。「不動産は情報がすべて」という一例でした。

ポイント

1　含み益のついた物件はその分投資リスクは軽減されています。
2　区分所有物件で、１００％融資のつく物件は割安物件ということです。
3　駅近にこだわるとこの手の物件は見逃すことになります。優良物件の条件は一般論で、ケースバイケースで検討することの方が大事です。

Case 5
超高層ファミリーマンション、いいところに目をつけましたね

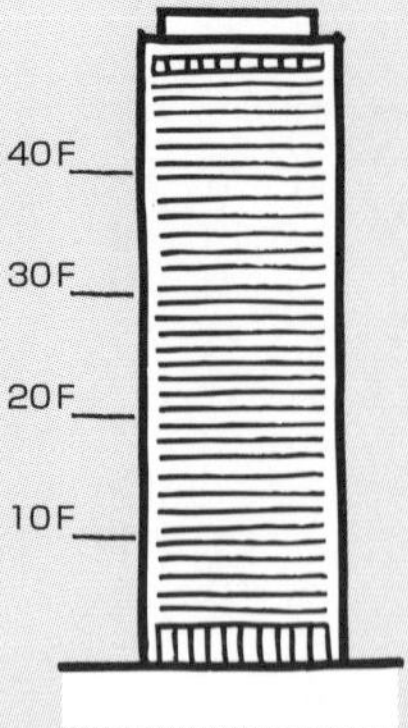

- 私鉄停車駅より徒歩４分
- 物件価額2,800万円
- 予想年収240万円
- 専有面積66㎡
- ２ＬＤＫ
- 総戸数500戸超
- RC造50階建て
- 新築（平成20年竣工予定）
- 東向き

この物件は新築の超高層分譲マンションで、未完成物件です。里見さんは完成前に購入契約をされました。平成17年の契約当時はまだ完成した超高層マンションは少なく、このころから超高層物件が比較的多く売りに出されたのです。表面利回りは２４０万円÷２８００万円≒8.6％ですね。超高層物件で値段の高いのは上層階で、低層階は割安の価額設定となっています。低層階でも内装等仕様は上層階と変わらないため、「これを賃貸にすれば新築でも高い利回りが見込める」と読んで

購入されたのです。購入された物件の階数は8階、設定賃料は月額20万円です。坪単価賃料は1万円ですから、これはワンルームマンションの単価ですね。それでも十分借り手がいることを賃貸専門大手の仲介会社で確認されていました。

　里見さんはいいところに目をつけられたと思います。地価の一番低いときにデベロッパーが仕込んだ物件だとよくご存知なのです。里見さんはこれを全額借入れで購入されました。里見さんは資産家ですから、銀行金利も1％台です。借入れ期間は30年。完成するのを待ちわびておられます。それもそのはずで、予想賃料ももう少し高くなりそうな勢いなのです。大阪市内中心部では数々の超高層マンションが売りに出

優良物件
5要素からの評価

総合点
23点

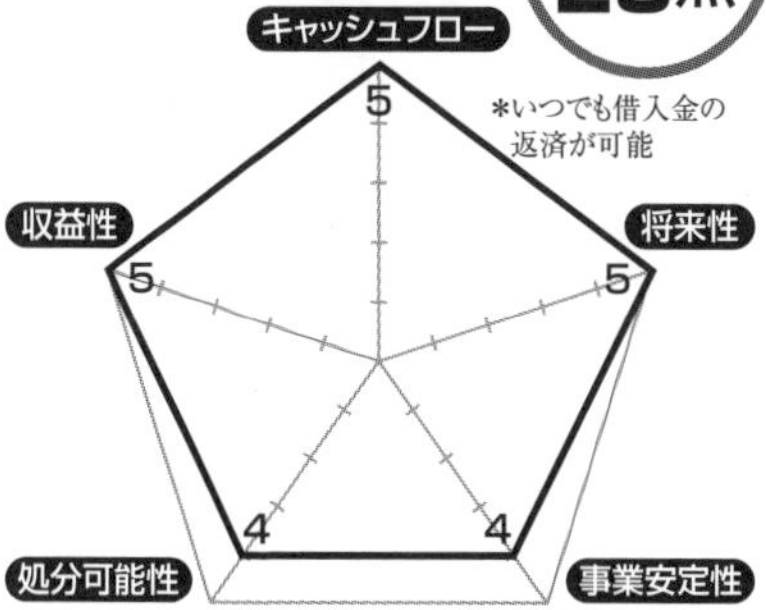

■和合　実の目

　里見さんは上記のような読みで、複数のエリアで超高層物件を購入されています。私のほうが教わることも多いのです。ただ、超高層物件が増加傾向にありますので、今後は売れ残ることも予想されます。その場合、それらが賃貸に回されると、里見さんの物件も超高層賃貸物件の中での競合にさらされることもあり得ます。ですから物件によっては賃貸前に売却してキャピタルゲインを狙うのも一手法かと思います。数年後が楽しみな里見さんでした。

され、平成18年になりますと、平均分譲単価が坪当たり２００万円を優に超えてきました。里見さんが購入された物件の分譲単価は坪当たり１４０万円です。これは今となってはかなりのお買い得価額です。そうしますとすでに里見さんの買われた物件には含み益が出ていることになります。

里見さんの狙いが的中しました。新築状態での売却意思は持ってはおられませんが、含み益がある状態でスタートを切れるとしたら、いい気分に違いありません。こんな物件でしたら買ってもいいですね。しかし当時はそのようなことがわかりません。その段階で先をみて買うということができるかどうかなのです。まだまだ地価の下がっていく状況であれば、行動に出るにはリスクを取る勇気と決断がいります。不動産に限らずすべての投資は、先をどう読むかによって結果は大きく変わります。でも里見さんはこの物件の立地を高く評価して購入しているのです。「いずれ地価の上がる場所」という読みがあったのです。こういう方には私のアドバイスなど必要ないと思いました。

ポイント

1　超高層マンションは仕様が同じでも低層階は価額設定が低くなっています。賃料は他のマンションに比し高めのため、利回りは高くなる傾向にありました。

2　不動産投資も先をどう読むかによって、結果に大きな違いが出ます。

3　このケースでは竣工時に売却検討をしても良いと思います。

Case 6 区分所有店舗、資産背景がものをいいます

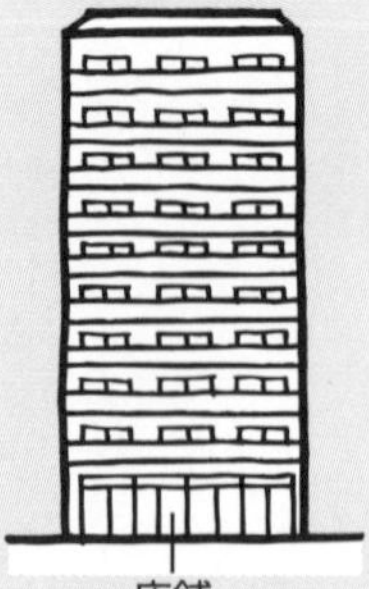

- 地下鉄停車駅より徒歩３分
- 物件価額2,960万円
- 予想年収360万円
- 専有面積126㎡
- 分譲マンション１階店舗
- 持回り保証金なし
- RC造11階建て
- 築18年
- 東向き

この物件を検討されたのは松坂さんです。松坂さんは相続で譲り受けた不動産を所有していますが、収益物件を購入するのは初めてです。収益不動産の購入意思は持っているけれども何から手をつけていいのか全くわからないという松坂さんにご紹介したのがこの物件です。

私は、松坂さん所有の不動産をすべて見せていただきましたところ、利便性の高い都心部には全く不動産をお持ちでないことがわかりました。築年数のかなり経った木造貸家を数件と駐車場を収入源にされていましたので、資産価値に対する収益性はあ

まりよくありません。すなわち資産的規模に見合ったキャッシュフローになっていないのです。そのため万一相続が発生しますと、不動産を売却しないと相続税が支払えないという状況です。そこで資産の組換えをしていくことを提案しました。

しかし、松坂さんは先の相続税の支払いのため以外は、不動産を手放したことがなく、また借金をしたこともありませんので、私の話を理解されても、実行に移すことへのためらいを拭うことは簡単にはできません。そこで手始めにまずこの区分所有の店舗をお勧めしたのです。

この物件は主要幹線道路に面し、人口密集地域を背景にしているので、店舗としての立地は上々です。借入金に対する漠然とした不安感も持たれていましたので、まず借入金のリスクについて、またメリットについて説明しました。銀行にこの物件を査定してもらって、この物件のみの担保でいくらの借入れができるかを確認しました。そうしたら2800万円までOKという回答をいただけたのです。これは物件の価値もさることながら、松坂さんの資産の裏づけがあってのことです。通常でしたら、融資を受けることも簡単ではありません。それは、店舗であり、区分所有でもあるからです。

アパートローンと違い、店舗は融資保証会社の保証対象外であるため、銀行のプロパー資金での融資となります。そのため個別審査となり、松坂さんの資産背景が融資を受けるに当たって、大きく影響するのです。幸い松坂さんには銀行側からそれだけの信用があるということです。

この物件の表面利回りは３６０万円÷２９６０万円≒12・２％です。専有面積は約38坪ですから、坪当り月額賃料は約７９００円です。これがこの物件の上層階のマンションですと、坪当りの相場賃料は５０００円ですから、５０００円×38坪＝19万円です。これは机上の計算です。この物件の周辺にこのような広いマンションは見当たりませんし、あってもこの金額では借り手がないと思います。すなわち、投資効率からしますと、ここは店舗立地であることがわかります。

優良物件
5要素からの評価

総合点 23点

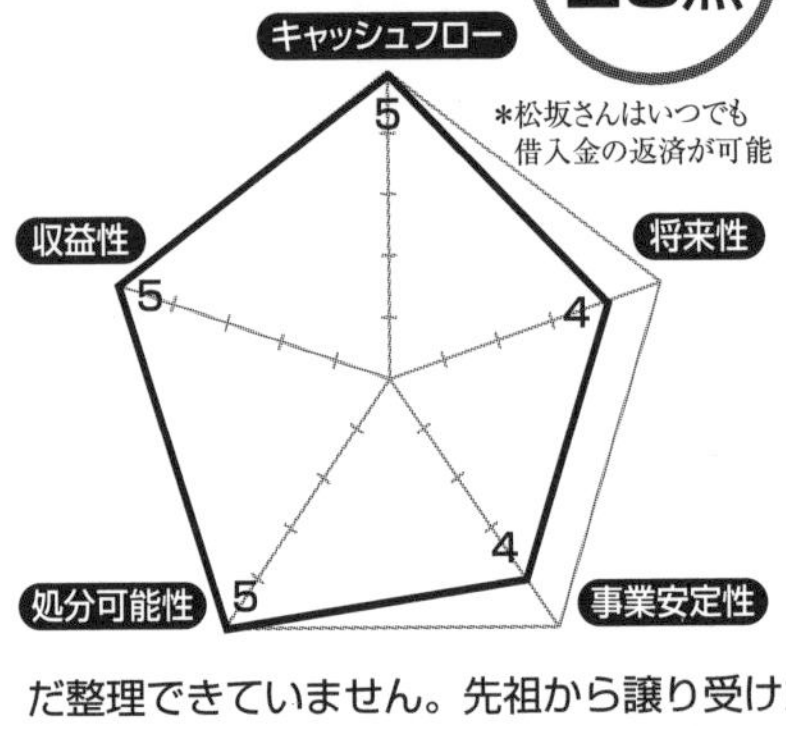

■和合　実の目

松坂さんはこの物件を購入されてから、また別のエリアでもう一つ区分所有の店舗を購入しました。

「これ以上の区分所有店舗の購入はやめてくださいね」と、松坂さんにはいっています。次にすべきは資産の組換えで、現在持っている収益性の悪い不動産の処分です。この件について、松坂さんの気持ちはまだ整理できていません。先祖から譲り受けた不動産の処分に抵抗感があるのです。頭では理解できても、感情面で整理のつかないところがまだあるのです。しかし、松坂さんなら、いずれその整理もつけられるだろうと思っています。

以上の内容を松坂さんに説明し、融資を受けて物件を購入していただきました。松坂さんの資産の中でこの物件の投資効率が一番良いものですから、預金通帳を見るたびに、この物件のことを、「孝行息子と思う」といわれていました。

この物件は10年後には売却していただく予定です。今の利回りなら、問題なく売却できると思います。仮に途中でテナントさんが退去した場合、この場所ならあまり時間をかけずに別のテナントさんを見つけられると思っています。

ポイント

1　区分所有店舗の購入に際し、融資を受けるには購入者の資産背景が大きく影響します。

2　区分所有店舗は1階が原則です。2階や地下店舗はよほど人通りの多いところでないとお勧めしません。

3　区分所有店舗は、家賃に比して管理費の高い物件は注意が必要です。

Case 7 区分所有店舗、中には「はずれ」もあるのです

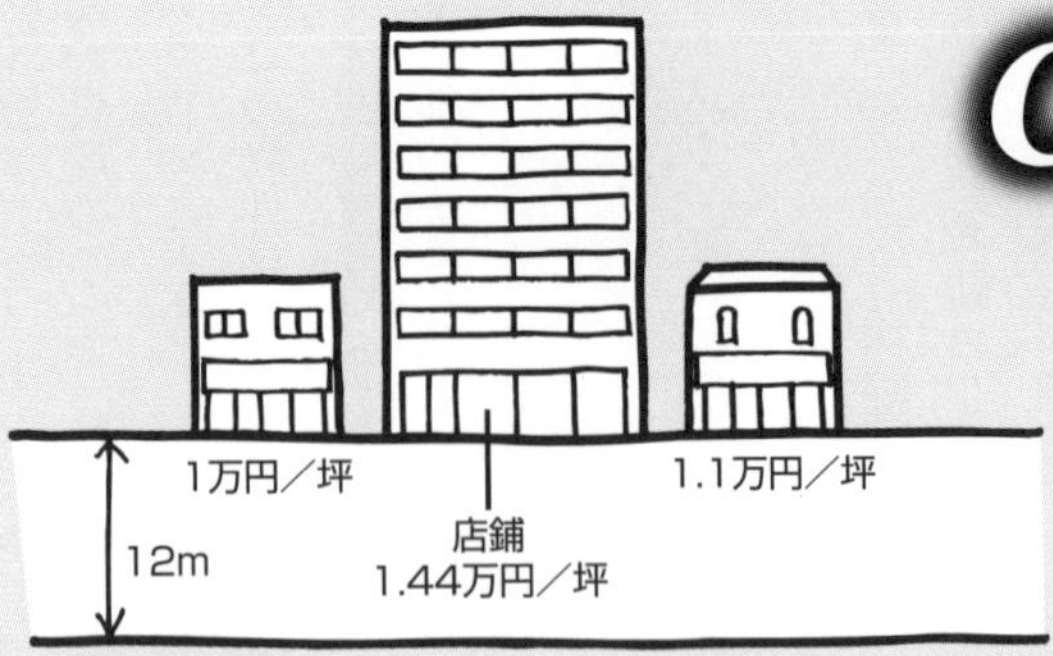

- 地下鉄停車駅より徒歩２分
- 物件価額4,600万円
- 年収480万円
- 専有面積92㎡
- 分譲マンション１階店舗
- 持回り保証金480万円
- RC造７階建て32戸
- 築19年
- 南向き

この物件はテナントとして有名物販店が入っています。駅の地上出入り口より徒歩2分で、比較的広い道路に面し、立地としては悪くないと見えます。店舗の客入りは良いと聞いたので、店舗物件を探されていた長島さんに連絡を入れておいたところ、長島さんはすぐさま現地を見にいかれ、「気に入りました」と返事をいただきました。そのときはまだ私自身物件調査をしていませんでしたので、あわてて取りかかりました。

現地に行くとそこは交通量の比較的多いビジネス街に位置し、人通りはあまり多い

とはいえませんが、通りは明るい感じの印象を受けました。その店舗は前面道路12mに面し、間口は8mほどありました。

この物件の所有者は不動産業者で、取得後まだ1年足らずです。この場合、気をつけないといけないことは、転売目的で取得したのかどうかということです。そうなら通常取得後すぐに売りに出されるケースが多いのです。そうでないときはテナントが退去する予定があるとか、賃貸借に問題があるとか、何らかの原因があるとみたほうが無難です。どこまでその原因に辿りつけるかはわかりませんが、その原因を私なりに探っていきましょう。

まずテナントさんに退去予定があるのか確認しました。たまたま私はこのテナントさんの別エリアの担当者とお付き合いがあったので、退去予定リストにこの店舗が含まれているか内々に調べてもらったのです。その返事は、「小規模店舗ながら売上げは立っているので今のところ、退去予定はありません」とのことでした。

でも、この店舗賃料は相場賃料よりも高いと感じましたので、それも確認しておく必要があります。近くの不動産屋さんで周辺の1階店舗賃料の相場を教えてもらいました。その金額は坪1万円～1.2万円です。そうしますとこの店舗賃料は専有面積27・8坪ですから、1.2万円×27・8坪≒33・4万円が相場ということになります。この物件の表面利回りは４８０万円÷４６００万円≒10・４％です。相場家賃で計算しますと33・４万円×12÷４６００万円≒8.7％となります。今は良くても長期的に考えると、これはリスク要因になります。

物件価額が高いということです。実需の取引価額を調べたところ空室では坪当り１３０万円が相場のようです。それで計算しますと１３０万円×27・８坪＝３６１４万円ということになります。月の相場家賃33・４万円×12か月÷３６１４万円≒11％ですから、この金額ですと収益物件として、おもしろい物件になってきます。

次いで登記簿謄本を確認しました。この物件は共同担保になっており、借入先はノンバンクでしたので、金利は高いはずです。だから、資金繰りが売却の原因かもしれません。

共同担保に入っている別の物件を確認しますと、

優良物件
5要素からの評価

総合点
13点

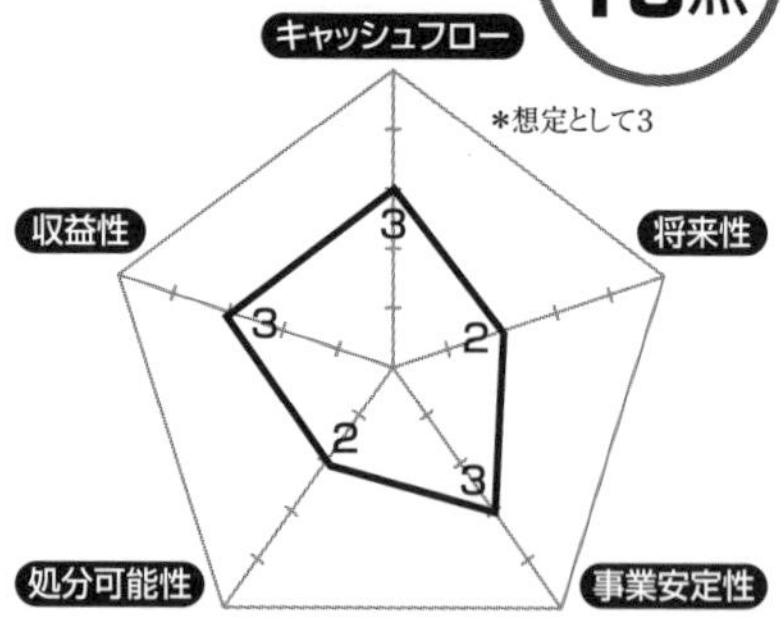

■和合　実の目

いつも決まる物件ばかりを扱っているわけではありません。こういうこともあるのです。長島さんには他の物件をご紹介し、そちらを購入していただきました。

同時期に売りに出されています。片方だけが売れても、そのノンバンクが抵当権をはずしてくれるかどうかわかりません。その確認を取る必要があります。

これらを長島さんに申し上げましたところ、「持回り保証金が480万円ありますので、売値は高すぎると思います。3800万円で指値をしてください」と返事をいただきました。この金額では売主が応じてこないかも知れないと思いながらも、長島さんのいわれることはもっともですから、売主に確認しますと、やはりこの金額では抵当権者に抵当権をはずしてもらえないとのことで、「4400万円でいかがですか」との応えがありました。

その金額では所有リスクが高いといわざるを得ませんので、この物件は見送ることになりました。この物件は収益還元からの利回りをうまく利用して売却価額を決められていいます。見た目の利回りと有名テナントが賃借人であったため、物件の情報段階で長島さんに連絡をしたのですが、今回は「はずれ」を引いてしまったという事例です。

ポイント

1　現在賃料の妥当性を検証しましょう。高いときは物件価額に反映されているため要注意です。

2　テナントの退去予定が理由で売却されることもあります。退去があっても次のテナントイメージのできる物件のみを購入対象にしましょう。

3　関西での取引慣習である持回り保証金は、いつでもテナントさんに返せる用意をしておかなければなりません。直ちに手当てができない人は購入適格者ではありません。

Case 8 これが区分所有コンバージョン物件です

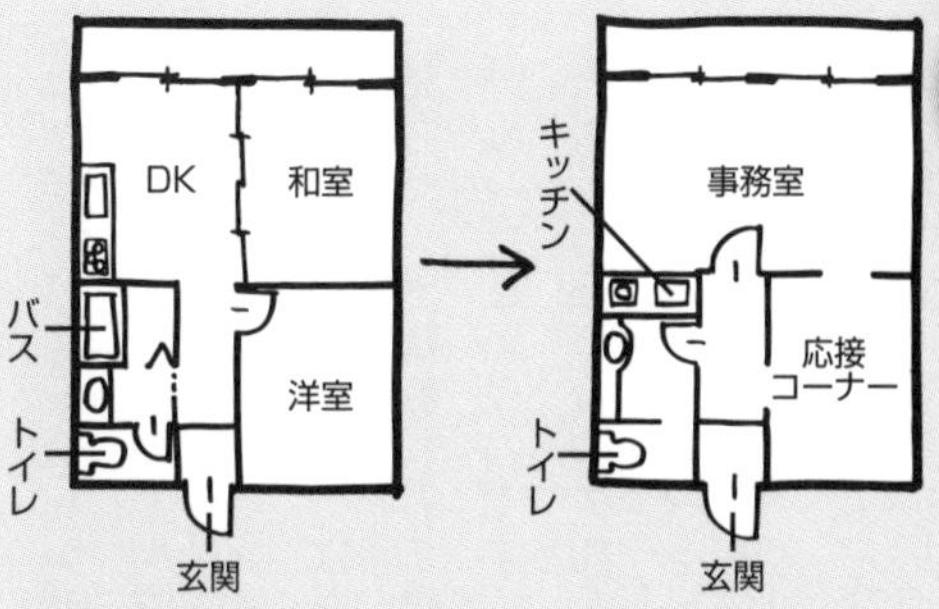

・地下鉄停車駅より徒歩３分
・物件価額1,100万円
・年収132万円
・専有面積41㎡
・分譲マンション２階事務所
・持回り保証金なし
・RC造11階建て83戸
・築27年
・西向き

これは住居を事務所に改装して賃貸されているいわゆるコンバージョン物件です。通常コンバージョンというと、古くなった事務所をマンションに仕様変更して、賃貸にするというのが一般的ですが、これは逆のケースです。駅から近いのと、主要幹線道路に面したビジネス街に位置していますので、テナントニーズに応じて改装し、賃貸したのだと思います。

この物件の特徴は築27年ですから古いに違いないのですが、管理組合がよく機能していますので、定期的に修繕工事がなされ、特に外観からはこの築年数とは思えないほどきれいに改修されています。また、聞くところによると、管理人さんが非常にしっかりした方で、マンション内のトラブルは積極的に解決し、「そこまでいわなくても」と思うほど、入居者にルール違反を指摘されます。エントランスや駐車場を見てもごみ一つ落ちていません。もちろん落書きなどは一切見当たりませんし、入居者にとっては安心して暮らせるマンションではないかと私には思えました。

一見ちょっと嫌われ者に見える管理人さんのおかげで、このマンションは資産価値を保てているのだと思うのです。マンションは管理によって資産価値に差がつくこともあります。入居者のモラルの欠如を放っておくと、そのことが理由でマンションを住み替える人もいます。住みにくいマンションという噂が出ると、そのマンションの資産価値は下がるということもあるのです。しっかり者の管理人さんの存在は、マンション購入の検討の際にはプラス要素に入れたいと思います。

この物件の表面利回りは1320万円÷11000万円＝12％です。この12％は一見よさそうですが、もう少し検討したいと思います。周辺物件の坪当り売買単価はこの築年数では70万円で、専有面積が12・4坪ですから70万円×12・4坪＝868万円という金額になります。この物件が住居の場合の賃料相場は月額8万円ぐらいでしょう。この物件金額は高いように感じますが、それは事務所ニーズがあって、家賃が高いために、この売値になっているともいえます。まさに収益還元法でつけられた価額です。この物件の所有者は不動産業者ですから、その点も考えて事務所として貸したのだと思います。不動産価値の高め方を承知しておられる業者さんですね。

それではこの物件を買ったときのリスクを考えてみましょう。マンションとして貸したなら表面利回りは8万円×12÷1100万円≒8.7%です。最悪8.7%なら、まあいいかと思えれば、あとはこの事務所の入居者が購入後、早い時期に出て行く可能性がなければ、その間に投下資金の回収を計れます。ポイントはそこです。

この物件を検討しているのは神田さんです。神田さんは数棟の収益不動産を所有しています。今回は自己資金での購入を検討されていました。神田さんから相談を受け、コメントが欲しいといわれたので、以上のことを説明し、リスクへの対応法について確認しました。

神田さんはこの物件を将来売却して、損失が出てもかまわないと思っています。すでに購入された物件に含み益が出ていますので、その物件の売却と同一年度にこの物件も売却するとの考えです。この物件に執着しているわけではなく、立地条件がいいので気に入ったのです。また、将来のインフレリスクや、物件価値、優良物件の5要素を自分で検討されていました。さらには入居者に「近いうちの退去予定はありますか」と単刀直入に聞いたのです。入居者は笑いながら、「当面は考えていません。私どもの会社が倒産したら別ですが……」という返事。見事な神田さんの行動力ですね。すぐさま入居者と打ち解けられたようです。そこまで考えているのであれば、この物件の投資リスクへの対応はできているのです。私が止める理由はありません。反対に勧めてもよいと判断しました。神田さんは、念のために私の意見も参考にしたかったのでしょう。

そんなことで、この物件を取得されました。この物件は2年前に購入されたのですが、周辺の中古物件の価額も上昇してきましたので、あのときの判断は間違っていなかったようです。

優良物件 5要素からの評価

総合点 20点

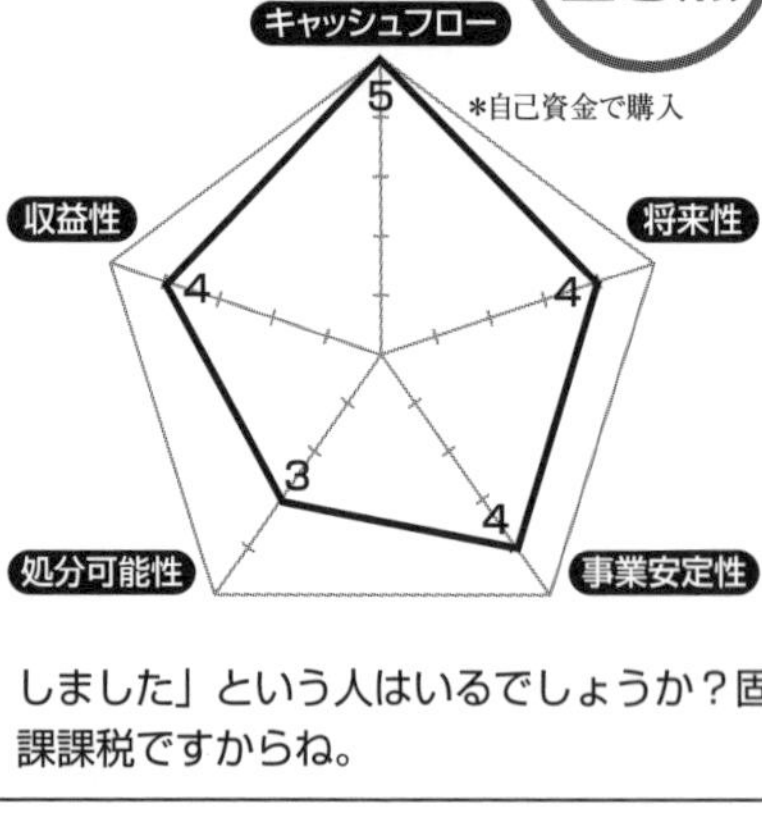

■和合　実の目

この物件が事務所として使われていることは、外観上わかりません。登記簿上は居宅ですから、固定資産税は住居としての課税のままです。管理費も別に割り増しで払っていません。すなわち保有コストはマンションの場合と全く変わらないのです。わざわざ区役所の固定資産税担当へ行って「居住用から事務所に変更しました」という人はいるでしょうか？固定資産税は申告課税でなく賦課課税ですからね。

ポイント

1　区分所有物件は、しっかりした管理人のいるマンションがお勧めです。

2　都心のマンションは事務所にコンバージョンすると賃料の上がるケースもあります。

3　本ケースでは入居中のテナントが退去し空室が続くときは再度マンションに変更するのも良いでしょう。この広さで1LDKならニーズもあります。

第6章

和合　実のアドバイス

1 よくある質問―フルローンと自己責任

不動産投資の一手法として、フルローンを使って行うという方法があります。その場合は自己資金が少なくてもできるのは事実です。その方法を望まれている方には、私の著書は今すぐには参考にならないことが多いかもしれません。

私はどちらかというと、フルローンによる不動産投資に慣れていない個人がすることを積極的に肯定する気にはなれません。成功する人もいるでしょうが、失敗する可能性も人によっては高いと思うからです。私の考え方の根底には常に実務があり、実務の中で借金の怖さを痛感してきました。借りたお金は必ず返さないといけません。「万一デフォルトになったときは自己破産すればいい」というような無責任なことは絶対にいえないのです。私は自己破産した人を数人見てきたからです。家族離散を招く場合もあり、現実は悲惨なのです。「こんなことなら最初から不動産投資をすべきでなかった」といってもそれは後の祭りです。それが自己責任なのです。

よく「お金がないと不動産投資はできないものですか」「店舗はほしくても資金がないと買えないじゃないですか」という質問を受けます。本書の中でも「自己資金が必要」というケースが多くありました。それは自己資金ができたときに、どのような不動産投資があるのかということを示しているからです。

私のお客さんには、不動産投資のための自己資金を持っておられる方が相対的に多いのです。そのため、私はその方々にとっての不動産投資はどうあるべきかを意識していきます。また、自己資金の作り方は人さまざまですので、そこのところは関知しません。不動産投資のための一定の資金ができたときに、「どうするのがベターか」という質問に答えている人物が、私、和合実だと考えてください。


不動産業界に身をおいていましても、私はどちらかというと、不動産投資に慎重なほうです。不動産投資が簡単で、誰もが楽して儲かるなら、不動産関連企業に勤めている従業員の大部分の人が行っていてもおかしくないとは思われませんか？そしてみんなが成功しているはずです。ところがそんなことは決してありませんね。収益不動産を所有していない従業員が断然多いのです。それはなぜでしょうか？「不動産投資のリスク」を考える従業員が多いからです。

私の周りには不動産に精通している方々がたくさんいます。でもフルローンで不動産投資をしている人はまれです。その理由をいちいち確認したわけではありませんので絶対的なことはいえませんが、「大きな借金リスクは取れない」と感じている人が多いことは確かです。

不動産を扱うことを職業にしている人がそうであるのに、書き手側の責任として、不動産の素人に、「借金は心配ない」と思わせるような論調で成功体験ばかりを聞かせることを、私はどうかと思っています。そのほうが夢があって自己資金のない方々には、本も売れるでしょうが、それはちょっと違うと思うのです。自己責任を理解していない人にも、「自己責任ですよ」というのはどうでしょう。子供に「甘いか苦いかわからないけど欲しかったらこのあめをどうぞ」といって差し出しているのと同じです。「食べて苦くてもあなたの責任ですから、私には全く責任はありませんからね。そのことを十分理解してから食べてね。それがいやなら食べないことよ。でも甘いのが当たればおいしいよ。どうする?」と……。

しかし、究極のところ不動産投資は「自己責任」であることに異議は全くありません。読者の「自己責任」で判断すべきものであることにも異議はありません。また、フルローンによる不動産投資を全否定している訳でもありません。できる人にはそれも一手法であると肯定しています。すなわち、不動産投資をよく理解している人が使う手法だと考えているのです。

私のところに、「フルローンの使える一棟物の収益マンションを紹介してほしい」と30代のサラリーマンの方がきました。話をよく聞くと、この方の不動産に対する知識は、不動産投資関連本を読まれて得たものだとすぐにわかりました。そこで、私は次の質問に答えられたら、「そういう物件が出てきましたら紹介しましょう」といいました。

① 不動産取得後の収益減への対処法
② 金利の上昇局面での対処法
③ キャッシュフローがマイナスになったときの対処法
④ 突発的事故が起きたときの対処法
⑤ マイナスのレバレッジが働いたときの対処法
⑥ デフォルトになったときの対処法

その人は、この質問のどれ一つについて満足に答えてはくれませんでした。この方は、うまくいくことだけを想像し、その投資手法にどんなリスクがあるのか全く知らなかった。実務上の知識がなく、「儲かる」と信じ込んで、数億円の借金をして不動産を購入しようと考えていたのです。その人は「銀行も紹介してほしい」とのことでした。でも私は銀行を紹介する気にはなれません。なぜならフルローンを使える人は、私が紹介しなくとも銀行取引ぐらいあってしかるべきで、銀行を知らずにフルローンを使うのは、無謀だと思っているからです。銀行もこのような方には融資をしないとは思いますが、不動産投資を安易に考える人が多くなってきていることは確かです。

私は、たとえ嫌われても「借金を安易に考えないでください」と忠告します。万一のときは悲惨です。大切な家族をリスクにさらさないでください。「やめておきなさい」ということも、私のビジネススタイルの中にはあるのです。

私は、不動産投資が誰にとってもバラ色であるとは決して思いません。口に出さずとも、それがこの業界にいるものの一般的な感覚だと思ってます。

ポイント

1　本書は、主に「自己資金ができたときに」どのような不動産投資があるのかをアドバイスしています。

2　大手不動産企業の社員の多くは、自らが行う場合フルローンによる不動産投資を肯定しないと私は感じています。

3　フルローンを使うときのリスクへの対処法は、事前に準備しておいてください。

4　自己責任をとれる人とは、どんな状況になっても対処できる人のことです。

2 これからと数年前では状況が異なりますよ

初めて収益不動産の取得を考えている人に説明しましょう。数年前まではバブル景気の崩壊で、金融機関が不良債権の処理に追われ、その過程の中で担保に取っていた大量の収益不動産が売り物になりました。当時、地価は下落基調にあり、購入したい人が少なかったため、需要より供給のほうが断然多かったのです。そうしますと買手市場ということですから、不動産価額は必然的に低くならざるを得ませんでした。

売れないと困るのは金融機関ですし、また多くの企業が借入金の返済に力を入れたため、資金需要が大きく減りました。フルローン融資が可能になったのは、融資先にも困っていた金融機関が不動産を資産価値で見るのではなく、収益に目を向け、収益性の高い不動産にはフルローンを付けてでも資金の貸付をしたいという思いと、収益不動産を購入する意欲はあっても資金のない人のニーズが一致した結果です。

世間ではデフレ経済に突入し、日銀はゼロ金利政策や量的緩和政策をとりました。資金需要のないときですから、当然金利も低く、1％台で借入れをしている方も多くいました。このときに収益不動産を買った人は、今から見るとほとんどが収益性の高い不動産を取得しており、資産価値においても最近の地価の上昇で、含み益を得ている状況です。ですから全く不動産投資の経験が無くても、結果論ですが失敗するリスクは低かったといっても過言ではありません。

これらの人が成功した時期をみて、収益不動産に興味を持った人や、不動産投資関連本に書かれた成功体験に刺激を受けて不動産に興味を持った人は、これまでの知識で今後の不動産に対応できると思わないでください。なぜなら、市場に出る売物件に収益性の高い優良不動産は非常に少なくなったからです。今日の不動産市場では供給よりも需要のほうが断然多くなっています。すなわち売手市場なわけです。「不動産価額上昇時の投資法」や、「収益性の悪くなった不動産への投資法」、あるいは「不動産価値を上げるための投資法」などが今までに蓄えた知識の中にない人、また、その知識の準備をしていない方は、あわてて購入しないほうが良いと思います。

数年前までは不動産投資で失敗した人の売り物が多かったために、安く買えたのです。失敗した人は痛い目にあい、中にはその当時に作った借金がもとで命まで絶った人もいるのです。高利回りで収益不動産を購入できているのも、そういう人たちがいたからなのだという、厳しい現実を覚えておいてほしいと思います。

これからの不動産投資市場は、また高利回りで収益不動産を市場に出す側に回る人を作る環境に入っていくと感じています。誰もがそんな立場になりたいとは思いません。ですから、私は儲かる不動産投資よりも失敗しない不動産投資を推奨しているのです。これは一貫した私の不動産投資スタンスです。

では収益不動産を持たないリスクはないのかといいますと、私の答は「あり」です。その理由は財政赤字にあります。国と地方合わせての借金が1千兆円という途方もない金額を、どのようにして返済するのか見えないからです。

高度経済成長期がまたくるのでしょうか? 人口は再度増加傾向になっていくのでしょうか? 大増税を行うのでしょうか? 数々の好条件が揃っても、財政赤字の解消策を見つけるのは容易ではありませんね。世界を見渡せば、借金の多い国が辿った結末はインフレでした。日本もこの道程を避けて通れないかもしれないことを考えておかなければいけません。

政府も最後はこれしかないと考えているのではと、私は本気で思っています。その時期がわからないだけです。そんな時期が仮にきたとしても、困らないようにするための不動産所有はお勧めしたいと思っています。

ポイント

1　これまでと、これからの不動産投資は違うということを理解し、物件取得を検討しましょう。
2　儲かる不動産投資よりも、失敗しない不動産投資を推奨します。
3　インフレになると、収益不動産を持たないリスクが発生する可能性があります。

3　買ってはいけない収益不動産ってどんなの？

購入に際しこれから手を出してはいけない不動産とはどんなものでしょう。それは売主の思惑どおりの不動産です。もし読者の皆さんがすでに不動産を所有していて、「売るなら」という場合を考えてほしいのです。現在は売手市場であるといいましたが、その意味は、売手が良くない物件でも売り抜けできる時期が今だということです。

不動産は出口が大事であると、ずっと書いてきました。ですから、今がチャンスと、その出口を求めて売りに出されている不動産が多いのです。数年前では売れなかったけれども今なら売れる物件です。それは今後所有を続けるにはリスクのある物件なのです。今なら利回りが10％以上あれば内容にかかわらず買ってくれる人がいます。金額さえ間違わなければ売れるのです。実は、初めての不動産投資をする人に、この手の物件を購入する人が多いように感じています。

それらの物件は私には先の見えない物件といえます。私が売り手から相談を受けたら、「今が売り時」と、はっきりいいきるような物件を買っているのです。失敗してもやり直せる失敗ならまだ救いはあります。不動産価額には高いときと安いときがあります。今後もそれを繰り返すのではないかと見ています。ですから仮に失敗したと思っても、10年から20年ぐらいのうちにそれをカバーするチャンスはめぐってきます。でも50代以上の方では気力がついていかなくなるかもしれません。失敗しては取り返しがつかなくなりますからご注意、ご注意。

買ってはいけない物件の例をあげておきます。ワンルームですと賃料の低い物件です。賃料はこれ以上は下がらないと思われるかもしれませんが、そんなことはありませんよ。まだまだ下がります。例えば、エレベーターなしの4階以上は高齢者が入居しないでしょうから、若い人が対象になります。若い人は、いくら安くても便利の悪いところには住まなくなっていくと思われます。そうしますと生活の便の悪いところは、値下げをしても入居してもらえず、スラム化していくことになります。

その傾向は徐々に出てきています。このような物件が「予想利回り12％」と謳って売りに出されているのです。でもこのような物件が利回り12％になることはないんです。それでも売れているのです。買う側が次の展開を見込んで購入しているのであれば別ですが……。

ポイント

1 不動産を購入するときは、売り手の立場で考えましょう。
2 次の展開が見込めない、売り時物件は買ってはいけません。
3 机上の空論と思われる予想利回りの物件も多いのです。

4 収益不動産購入時が終わりでなくスタートですよ

収益不動産を購入したいという人達と話をしていて感じるのは、そこがスタートであるという認識が薄いなあということです。収益不動産の購入がすべてで、「買ったらおしまい」という感じを受けるのです。

いい収益不動産を見つけることは簡単ではないので、そちらに気持ちが集中し、もっと大事な出口をどうするのかという発想がありません。自分の思うような収益不動産に運よく巡り合え、契約することができたら、すぐに管理の引継ぎ、入居者とのトラブルチェック、修繕の要不要を確認してください。空室があって手を入れないと貸せないようなときは、改修費用の見積りを取り、引渡しを受けたらすぐにでも工事にかかれるよう手配するという段取りも必要でしょう。

そしてどのように収益性を高めていくのか？どのような状況になったときに売却を検討するのか？一番大事な出口をどうするかということをイメージしておかなければなりません。購入時に出口がイメージできていたらベストです。

購入するほうが、出口を見つけるより簡単なのです。出口をイメージするとは、将来売却するのか、建物を解体するのか、解体後はどう利用するのか、更地にして売却するのか、誰をターゲットにするのか、思うように売れるのかというようなことをイメージすることです。

一番簡単な方法はそこを考えずに持ち続けることです。何もしないことです。この先は相続ということになります。相続人に迷惑になるような不動産は自分の代で始末をつけなければなりません。残された相続人が喜んでくれればいいのですが、ありがた迷惑と思われては甲斐がないですね。また相続人のためにと思って残すことが本当によいことかどうかよく考えてみるべきです。相続人のためにならないのであれば、公益団体に寄付するという方法もありますし、売却して現金化した資金を有効に使うという方法もあります。

出口の重要性とともに、忘れがちなのが取得後の所有者義務のことです。不動産は亡くなってからは所有できません。ですから亡くなる前に遺言証書で誰に相続させたいのかを記すことは、不動産所有者の義務なのです。「相続人同士で話し合うこと」といって残すのは責任放棄と同じです。相続人同士ではどうしてもエゴが出てしまって、相続財産の分割で争いに発展しがちです。不動産を共有名義にすることも後でもめ事を残すことにもなりかねません。残した不動産で遺族が争うのを見るのは悲しいですね。

ポイント

1 収益不動産は購入すれば完了でなく、そこがスタート点です。
2 購入時に出口のイメージができていたら半分は合格です。
3 不動産所有者の義務として遺言証書の作成をお勧めします。

5 不動産投資ファンドと個人投資家の違い

収益不動産を購入しているのは個人投資家だけではありません。不動産投資ファンドや大手の不動産会社も購入しています。ではそれらと同じエリアで投資をするのがよいのかといいますとちょっと疑問です。たとえば、ワンルームマンションの一棟物なら大手ファンドは郊外にある物件を購入しません。物件価額がおおむね10億円以上のものを購入対象とし、小規模な物件は保有コストが相対的に高くなるため購入はしません。そのため戸数は多くなります。

仮にファンドの所有物件の多いエリアで個人が小規模マンションを所有したとします。あるときそのエリアで入居者の争奪戦が起きたら、競争に勝てると思いますか？　正直、難しいでしょうね。それは入居者を斡旋する大手の仲介業者がファンドにつくからです。ファンドは豊富な資金に物を言わせて、何が何でも一定の入居率を保とうとするでしょう。私がファンドマネジャーでもそうすると思います。ファンド物件の管理会社は管理をはずされまいと、懸命になってファンドの要求に応えていこうとします。そうなると個人の小規模物件は、眼中になくなる可能性があるのです。

では個人はどうすればよいのか、同じ土俵での勝負を避けるか、そのエリアが好みならば、ファンドが所有しないであろう店舗、倉庫等、違う種類の物件を所有するべきでしょう。都心部の地価の上昇は、一面ファンドの旺盛な不動産投資によるものといっても過言ではありません。今後も地価は上昇し続けるかというと、それも疑問です。なぜならもう収益還元法による利回り計算で、何を建てても求める利回りを達成できる状況ではなくなりつつあるからです。

一部のエリアでは完全にバブル期状態になっています。バブルは必ず弾けます。一部のエリアではちょっと危険なぐらい過熱状態にあると私は見ています。

ポイント

1 ファンドのワンルームマンション投資エリアでは、個人がワンルームマンションを所有するリスクは高まっていきます。
2 ファンドと競合しない物件を検討しましょう。

6 築年数の古い物件の評価

① 一棟貸し物件

築年数の古い物件は金融機関が融資をしてくれません。仮に融資が可能でも返済期間が短く、キャッシュフローが悪くなり返済リスクが高まります。そのため自己資金に頼らざるを得ないのです。それでも購入可の築年数の古い物件とはどういう物件でしょうか。

たとえば、それは入居者の立ち退きが見込める物件が該当します。古い物件の出口は解体か売却しかありません。その選択の時期は築浅物件より早くなります。あまり長く持つとそれだけ修繕費用が嵩み、収益性の悪くなる懸念が出てくるからです。立ち退き交渉がスムーズに進み、更地にして売却する。そのとき、確実にキャピタルゲインが見込める物件が対象です。具体例としては、企業への一棟貸し物件がその対象になってきます。立退きに全く費用がかからないとは限りませんが、交渉はしやすいはずです。プロでない限り、決して学生専用マンション以外の、入居者の多い物件には手を出さないというのが鉄則です。

② 償却済みの木造物件

木造のアパート、戸建て、店舗等の耐用年数経過済物件についてみていきましょう。この手の物件を購入するのにふさわしい人は、融資がつかないのですから全額自己資金で対応できる人です。

償却済みとはいっても、売買契約時には建物価額を算定してください。仮に売主が個人の非課税事業者なら、売買契約書上は総額表示でも、後日合理的な算定方法で按分すれば、売主側と買主側で評価が違っても税務上問題ありません。そして建物の評価が出たら、それは2年で償却できますから、購入時が仮に通常年度より所得金額の多い年であるなら、これをうまく使えば所得が圧縮されることになります。2年で償却をして売却し、売却損が出なければよいという考え方もありです。鑑定評価を取って身内か同族法人に売却してもかまいません。その物件を気に入ったのなら保有してもかまいません。

でもそのとき保有し続けてよい物件は、出口の見える物件に限ります。戸数の少ないワンルームのアパートでしたら、立ち退きに応じてくれる可能性はあります。ただし、その思いがあるのでしたら、収益性やキャッシュフローは少し悪くとも我慢してください。あくまでキャピタルゲイン狙いですよ。そのとき、人の道に反する行為で立ち退きを求めることはしないでください。

店舗でも同じです。現テナントさんの商売がうまくいっていなくても、他の商売ならうまくいくだろうと見込める立地であればいいかもしれません。老朽化して、大きく改修しなければならないときがチャンスです。修繕費用の額をテナントさんに説明し、改修後は賃料値上げをしますと明言します。それに応じていただけるのであれば改修すればよいし、そうでない場合は、退去の話を切り出せば乗っていただける可能性もあると思います。

ポイント

1 古い物件の購入は、入居者の立退きが見込め、売却時にも利益の見込める物件に絞って検討する。
2 減価償却をうまく利用して、税務対策に利用することも可能です。

7 収益物件の紹介を受ける心得

たとえ収益物件の取得を考えていても、物件情報がなければ購入の検討すらできませんね。良い情報を得るには物件情報の出し手の気持ちを考えないといけません。「買ってやる」という態度では決して良い情報が入ることはありません。不動産業界では情報が「飯の種」なのですから良い情報にはそれに見合う対価が必要です。もちろん成約時に仲介手数料を払いますが、それは当然のこと。情報を得るためには、心からの感謝の気持ちを表すことが大事だと思います。

情報を得ても気に入らないからと、「無しのつぶて」では、出し手側から見ると、横柄に映ります。「きちんと返事をする」、それもできるだけ「早く反応する」ことが大事です。それが礼儀なのです。

収益物件を買えない人にその理由を聞くと、「良い情報を得られないから」というのがほとんどですが、私には良い情報を得るための準備をしていないことが、その理由のように思えます。

「自分の買いたい物件の種類」「買いたいエリア」「物件価額」「その取得に当てられる自己資金額」「取引銀行の有無」「目標利回り」「購入の目標期日」など、物件情報の提供者に求めている物件のイメージを明確に伝えてください。

一番困るのは「何か良い物件情報があればお願いします」という人なのです。何を紹介したらいいのかわからないので、情報の出しようがありません。すなわち何を求めているのかわからないため、「何度出してもいい返事がもらえないから情報提供はやめよう」ということになるのです。反対に良い物件情報を得ておられる方は、以上のことを心得ている人だと思います。
最後に、掘り出し物は地場の業者さんが持っていることがよくあるので、日ごろから良いお付き合いを心がけましょう。

ポイント

1 良い物件情報を得るには、提供者に自らの情報を伝えることが必要です。
2 加えて、礼儀、感謝、日ごろの付き合いも重要です。

8 不動産投資家に必要な7つの項目

① 時間軸の観念
「不動産所有の目的は何か」が関係してきます。たとえば40歳のサラリーマンで、収益不動産を持つ目的が老後の生活資金で、その必要金額は月額30万円だとします。借入れもして4000万円で表面利回り10％の物件を購入した場合、キャッシュフローで考えると、65歳までに借入金を返済済みにしなければなりません。40歳なら65歳まで25年の猶予

があります。1物件の購入でその目的を達成するのか、あるいは2物件で達成するのか、または一度購入した物件を途中売却し、売却資金をもとに再度別の物件を購入してから達成しようと考えているのか、自分にあったスタイルを見つけることは大事なことです。

すなわち、「いくらのキャッシュフローがいつまでに必要で、そのためにはいつまでに物件を取得し、借入金返済をどうするのか」という基本的なイメージをしっかり持っていないといけません。「ただなんとなく取得する」ではその後の不動産戦略が描けません。不動産投資に失敗するのはそんな人ではないかと思います。

② 求めるのは資産規模なのか、それともキャッシュフローなのかをはっきりさせる

たとえば「10億円の収益物件を10億円の借金で購入し、キャッシュフローが1000万円と、1億円の収益物件を自己資金で購入し、キャッシュフローが1000万円とどちらをあなたは望むのですか」という質問の答えがこの②の答えです。

10億円の物件を取得しても借入金によっていれば、いずれキャッシュフローはマイナスになるときがきます。自己資金なしですから、不動産の名義人はあなたでも借入金を返済するまでは、真の所有者とはいえません。10億円を返済してしまえば完全な所有物となりますが、そこにたどり着くまでには、金利変動やトラブルなどのいろんな問題に遭遇し、計画どおりにことは運びませんよ。

私ならば資産規模を目指すのではなく、最小限のリスクで達成可能な借入金のない不動産所有を目指します。これが和合流です。そこには一発勝負という概念はありません。10億円の物件が所有しているうちに13億円になり、そこでうまく売り抜けて、税金を払って残ったお金で収益物件を買うというのであれば和合流にたどりつくまでの手段とも考えられますが、反対に値下がりしたときは悲惨な状況になるのですよ。こういう冒険をする人は、うまくいくとまた次の物件を購入するのです。そうしないとキャッシュフローがマイナスに転じた場合、持ち続けることができなくなるためです。私はこの手法を素人である個人が取ることは勧めません。やるなら法人です。しかもその場合でも不動産賃貸を本業とすることのできる人のみです。

③　デフォルトへの対応

デフォルトとは債務不履行の状態を指します。すなわち借入金の返済ができない状況です。理由はキャッシュフローが回らなくなるためです。その原因として金利の上昇やテナント賃料の値下げ、滞納、空室があります。また、大規模修繕のための新たな債務の発生などが考えられます。「そのときあなたはどう対処しますか」という問いかけに、はっきりと答えを持っている人はいいのですが、知識不足と欲望が失敗を招くのです。いいときばかりではありません。特にフルローンは最悪の場合を乗り切れる力量をつけてから、挑戦してください。

④　不動産戦略の立て方を知る

現在どういう状況にあるかで不動産取得の方法が異なります。たとえばすでに含み益のある不動産を所有している場合はそれを売却して、より効率のよい物件に乗り換えるのも一つの方法です。税務上の買換え特例を使ってする手法もあります。また含み損のある物件を持っていれば、まずその損失をどこかでプラスにすることを考えないといけません。そのための収益物件の取得というのもあります。あるいは初めて取得する場合、1回の取得で目的を達成するのか、それとも2物件の取得で達成するのかで取得物件も異なってきます。要するに最終形をイメージして物件取得をするということです。そして不動産への再投資の完了を迎えないといけません。永遠はないということです。

⑤　自ら不動産を評価する

完成している収益物件なら誰でも一応の評価はできますが、ご自身で土地を見て収益性を考えることができるかということです。それは出口に売却を選ばず、建て替えを選択した場合に必要です。物件取得時に何をそこで建てるかをイメージしておかないといけません。そのときに、次の展開をイメージできる不動産取得ができれば問題は軽減されます。行き当たりばったりの不動産取得は勧められません。常に一歩先を見るのです。先にどんな問題が起こるかわからなければ、それは暗闇の中を歩いているのと同じです。管理会社はあなたの物件を、資産としての価値まで管理してくれるかどうかわかりませんよ。

⑥　知識・情熱・思考

収益不動産を所有してみて初めてわかるということがあります。その問題点を解決するためにも、不動産に関連する情報にアンテナを立てておく必要があります。特に価額の推移や税制、政策転換など、直接的・間接的に自分の不動産に関わる事項の情報を得て、すみやかに対応できるようにしておくことが必要です。

また、不動産は長い目でも見ないといけません。一時的な情熱で後はさめて終わりでなく、最終目的を達成するまで、購入したときの喜びなり、興奮を忘れず、不動産とのかかわりを楽しんでいただきたいと思います。そうすることで常に前向きな姿勢を保てます。購入時が40歳なら借入金の返済時は60歳ということもあります。20年後の自分をイメージして借入れをすることも大事です。

思考が正しければよい結果に恵まれますが、そうでない場合や、特に過信をすると間違った方向に進まないとも限りません。それは応々にして、あまり苦労せずに不動産投資がうまくいっているときにおこってきます。そのときが一番注意のしどころです。最終形の達成をまず念頭においてください。そこに早く到達する分には一向に構いません。むしろそれは喜ばしいことです。それを達成する前に量的拡大に走るということになりますと、②、③の問題が再度出てきます。足るを知ることも大事なことかと思います。

⑦　交渉力と知恵

問題解決の基本は交渉力です。問題から逃げていては解決しませんし、むしろその問題を大きくします。そうならないように相手の立場を考え、問題の芽を摘んでいくことが必要です。これは何も不動産に限ったことではありませんね。問題発生時に忙しいからと誠意を見せなかったことが大きな損失を招くこともあるのです。

まず、所有者責任を自覚しないといけません。解決の方法が見えなくてもあきらめてはいけません。どんな問題も解決しないことはないのです。とことん知恵を絞ってみてください。知人の知恵を借りてもいいです。そうして、あきらめないで最後までがんばり抜いた先に知恵が出てくるものです。

私の経験からいえば、難問に遭遇したとき、「最後には解決する」と信じて行えば、やはり解決できました。問題の発生しない不動産所有はないと覚悟しておくことが必要なのです。

ポイント

1 まず、不動産所有の目的をはっきりさせることからスタートします。
2 最終的には、借入金のない不動産所有を目指してください。
3 最悪のケースを想定しその答を持たない人にフルローンの利用はお勧めしません。
4 不動産戦略の立て方は人によって異なります。
5 更地から収益性を考える能力を養ってください。
6 不動産投資は長期スタンスが基本です。10年、20年後の自分を想像して借入を考えましょう。
7 問題が発生することを前提に取得する。諦めずに問題と向き合った先に、必ず解決策は見つかると信じます。

終　章

不動産所有の最終形を考える

読者の皆さんはいつの時点をもって不動産投資に成功したと考えますか。収益不動産を購入したときですか。購入するときには目的がありましたね。その目的が、一度の収益不動産の取得で達成されたのなら、大変すばらしいことです。

1 和合 実のケース

私の場合、年金生活に入ったときの資金不足を補うために13年前から不動産を取得し始め、「当初は所得税の還付も受けられるし、30年後に借金がゼロになっていれば良い」と、10年近く、所有不動産について、「どうする」という考えもなしに所有していたのです。利回りが平均3％台の新築の区分所有マンション等を出口も考えずに購入し、バブル崩壊後の景気の低迷で、気づいたときには取得した3物件すべてに評価損が発生。大きな含み損を抱えることになってしまいました。この含み損は不動産取得のために投入した自己資金額と繰上げ返済のために投入した金額の合計額に相当します。すなわち長年かかって蓄積した自己資金はすべて、どぶに捨てたのと同じということです。

取得した不動産を売却すると、売却代金のすべては借入金の返済に回って何も残りません。ですから、私のショックは相当なものでした。

どこにその問題点があったのかを分析してみましょう。

① 不動産取得を投資とは考えていなかったこと
② 利回りが3％台であるにも関わらずその意味をよく理解していなかったこと
③ 物件の将来価値について考えていなかったこと
④ 出口について考えていなかったこと
⑤ 資産を組み替えるという発想がなかったこと

これだけの理由があります。私が皆さんに口をすっぱくして「出口」について何度も申し上げているのは、このような私自身の失敗があったからなのです。

私の不動産取得が完全な失敗であると認めたのは、3年前でした。そのころちょうど私は自分のお客様に資産の組換えについて積極的に勧めている最中でした。お客さんに「資産の組換えを実行してよかった」といっていただいて、私自身の問題についてもこの機会に解決策を講じておかなければと、強く思うようになりました。

そのときに一番悔しいと思ったことは税制の改正で、平成16年度より、不動産を譲渡して生じた譲渡損は他の所得と損益通算ができなくなったことです。これは私のように不動産評価損を抱えている人にとっては大きな痛手ともなる改正です。収益不動産を譲渡して、黒字のときはしっかり税金を納めないといけないのに、赤字のときは損は垂れ流しということです。国はこれを「自己責任」というのでしょうか。厳しい制度改正です。

このことへの対策を講じないといけません。そのとき気づいたことは他の所得との損益通算という手法は使えなくとも、「土地・建物等の譲渡による所得内であれば所得の通算は可能だ。この道が残っている」ということでした。そのためには将来含み益を生じそうな不動産を取得しなければなりません。不動産を購入して、また含み損を出していては損の上乗せになり、それこそ大変なことになります。「含み益を生じそうな不動産」なんて、そう簡単に得られるものではありませんからね。でも、幸いにしてそのような物件を取得することができました。それは不動産投資がポピュラーになりだしたころで、私としても当時確信とまではいえませんが、地価反転の兆しを感じ始めた時期でした。

そして、それまでに得られた知識を今度は自分のためにも応用することになりました。本当に偶然ですが、物件取得を考え始めたころに私の不動産関係の友人が、抵当権者がサービサーである一棟物の収益物件情報を持ってきてくれました。今ではサービサー案件は滅多に出くわすことはありませんが、当時はまだあったのです。そのころはサービサー案件が、これほど買手に求められる物件になるともあまり認識していませんでした。

その物件とは駅徒歩5分で1階が店舗、上層階がマンションという物件でした。金曜日の夕刻に情報を得て、翌日現地へ確認に行きました。土曜日の朝ということもあり、人通りはまばらでした。その物件は、幹線道路と生活用道路の両方に面した、私好みの物件です。東西と南北に走る幹線道路の角地には有名店舗が出店し、店舗立地としてはランクの高い部類に入ります。すぐさま気に入りましたので、物件調査もあまりせず、また時間もなかったので、自分の勘だけを頼りに購入の申込みをしたいとその友人に伝えました。そうしたら、2人の方からの購入申込書が次の月曜日に入る予定とのことで、そちらを優先するという話でした。しかも自己資金買いとのことです。私は全額自己資金は無理だったので、融資条件をつけようと思っていました。普通なら「勝ち目がない」と考えて、あきらめてしまうのでしょうが、私はあきらめませんでした。「まだ購入申込書が入る予定の段階なら、とにかく売主さんに会わせてほしい」と懇願しました。結果として、会うことは叶わなかったのですが、私のこの物件への思いと条件を売主さんに伝えてもらいました。

その条件とは「売出し価額よりも高く購入する」というものです。私が損をするように思われますが、もしこの物件に値段がついていなくて、「ほしければ値段をつけてください」といわれれば、私がこのとき提示した金額よりも高く提示していたはずです。最初に金額を聞いているので、それ以上の金額で購入するのはバカらしいと思われるかもしれません。でも仮にその物件の売却価額が私の提示した金額ぐらいであるなら、きっと購入申込みをしたであろうと思います。

そういうわけで私の意思を売主さんに伝えると、「高く購入していただけるのでしたら、融資条件付きであってもあなたにお譲りしたい」との返事を日曜日にいただき、私が優先交渉権を得て、無事銀行融資も受けられ、引渡しとなったのです。

この物件を気に入った理由は数々ありました。見れば見るほど面白いと思えたのです。それにサービサー案件ですから、損はしないと思いました。引渡しを受けて、すぐに外壁工事や屋上防水工事等の見積もりを取りました。そして改修工事に取り掛かったのです。工事が終了し、建物は見違えるほどきれいになりました。そこで次に着手したのは、テナントさんとの家賃の値上げ交渉でした。1階は客商売ですし、「きれいになったことはテナントさんにも大いにメリットのあることで、売り上げ増にもつながる」と交渉を重ね、賃料アップに成功しました。

こうして取得した物件の資産価値と、収益性を高めるための対策を講じていったのです。今ではその物件の評価額は購入時よりも随分あがっています。すなわち含み益がでているのです。また次の物件取得へと進み、現在は評価損益がプラスマイナスゼロぐらいです。もうしばらくするとプラスになると確信が持てるところまできているのですよ。

私の場合は失敗からの出発でしたが、それを乗り越え現在に至りました。これからは常に評価益が出る不動産所有をしていくことを心がけ、またそのことを実践しようとしています。そして徐々に資産の組換えを進め、私が現段階で不動産所有の最終形として掲げる3つの目標

① 借金はいつでも返済できる状態にあること
② 立地条件のよい店舗物件のみを所有していること
③ キャッシュフローが月額100万円以上あること

にできるだけ早く到達したいと考えているところです。

さて、私の失敗談は参考になりましたか。この失敗があったからこそ、現在の私があると思っています。私のように取得した不動産で評価損を抱えて苦しんでいる方が、読者の皆さんの中にもおられるかも知れませんね。でも今の状態であきらめてはいけませんよ。必ずまたチャンスはくるのですから、そのときのために知識と行動の準備はしておいてください。

ポイント

1 物件によって、売主の売却希望価額より高く買うという意思表示の仕方もあります。
2 改修工事の前後に、テナントさんに家賃の値上げ交渉をしましょう。
3 不動産所有で評価損を抱えている人は、あきらめずに資産の組換えを検討してみてください。チャンスはまた来ます。

2 和合流不動産所有の最終形を目指して

不動産所有の最終形を考える意味について理解していただけたかと思います。ではどのような段階を踏んでいけばそこへ到達できるのでしょうか。それには自分自身の最終形の目標をまずしっかり持つことです。

わかりやすいように事例で説明しましょう。

ケーススタディ① まもなく年金生活が始まる人で、夫婦2人（夫62歳、妻58歳）では大きすぎる自宅（評価額1億円）がある。

目標：生活資金として月額50万円の安定収益、借金はなし。

65歳を前にして借金をして収益不動産を取得するのはお勧めしません。この目標を達成するために、自宅の売却を利用することも検討されてはいかがでしょうか。夫婦だけの生活に必要以上の大きな自宅はいらないはずです。そこに住み続ける意味はなんでしょうか。大きな自宅の維持は近所への体裁でしょうか。自宅では維持費がかかっても収益は生んではくれません。生活に困ったときに売却するのではなく、体の自由が利く今のうちに自宅を売却し、その資金で収益不動産と夫婦二人が暮らすに十分な住まいを購入します。自宅は賃貸でもいいかもしれません。

こういうと、大きな自宅を持っている方ほど「なぜ賃貸に住まなければいけないのか。それは惨めだ」と反論されるでしょうね。大事なことは発想の転換ができるかどうかです。価値観が今までどおりでは何も変化はありません。プライドだけを持っていても生活不安は解消しないのです。実際に、本当に困ったとき、誰かに頼れるのでしょうか。否です。私は現実的な考えのもとに、今ある資産の有効活用とライフスタイルの提案をしているのです。自宅の売却益に対する税金はかなり優遇されていますので、売却資金を有効に使えるのですよ。その資金で自分の未来を購入するわけです。

このケースでは月額キャッシュフローが50万円ということですから、およそ7000万円あれば利回り約10％の収益物件の取得で実現します。資金に余裕があれば自宅を取得するのです。取得の順序はどちらからでもかまいません。強いていうなら収益物件を優先させるほうがよいと思います。なぜなら、収益物件は取得と同時に賃料が入ってくるからです。まず収益目標を達成させることに集中するのです。自宅は子供さんがおられたら、一時的に同居をするとか、この際、同居を前提に子供との住宅のリレーローンを組むとか、いろいろ発想を広げてみてください。元の住居から解放されますと、自分たちに合った住まい方が見えてくるはずです。

これはあくまで一例です。1億円の評価がある自宅を持っていない人はできないじゃないか、机上の空論じゃないかと思わずに、今までに思いつかなかった発想を受入れることの必要性を感じていただければと思うのです。現実逃避から始まる前進はありません。現実を踏まえた上で自分にできることを考える。このことがもっとも大事なことではないでしょうか。

ケーススタディ② 収益性の悪い不動産を処分して、収益性の高い不動産に買い換える。

（夫55歳サラリーマン、妻53歳主婦　子供あり　貯蓄3000万円）

目標：月額40万円の安定収益、65歳で借金なし。

このケースは、夫が5年前に相続で田舎にある山林や畑を取得し、ただ所有しているだけというご夫婦の話です。その不動産評価額は2000万円です。毎年その評価額は下がり続けています。この状況を放置しておくと資産価値は下がる一方です。固定資産税や、管理関係費の出費が嵩むだけです。この状況を変えるには、思い切って相続した不動産を売却し、その資金で収益物件の取得をお勧めします。

取得すべき収益物件の価額はおよそ5500万円、利回り約10%、自己資金として不動産売却代金1500万円、貯蓄の取り崩し1500万円　残りは諸費用込みで1800万円の借入れをします。借入期間は10年です。そうすると元金均等払いで金利2.4%では月額20万円ほどです。元金均等払いを選択するのはできるだけ収入のある若いうちに元金を減らすためです。そうしますと当初はキャッシュフローが月額20万円程度ですが、これを貯蓄し、ある程度まとまりましたら、繰上げ返済をしていきます。あるいは退職金をこの返済に充てるのでしたら、少なくなった貯蓄額を不動産収益で戻すことにしてもいいでしょう。この収益は老後のためのものと限定し、絶対に使わないことです。そうしますとリスクはかなり軽減されていきます。10年所有すると、修繕工事等が必ず必要になってきますので、そのためにも貯蓄は必要です。借入金がなくなったら、収益不動産の保有リスクは小さくなります。老後は、経済的に安心して暮らせるのではないでしょうか。

ケーススタディ③　サラリーマン（35歳）がこれから不動産投資を始める。

目標：月額60万円の安定収益、65歳時借金なしで店舗所有。

自己資金は600万円です。これを元手に65歳までの30年間で月額60万円の安定収益を借金なしで勝ち取るための、ステップを紹介します。

最終的に店舗を望まれていますが、店舗では借入れができませんので、それまでは住居系物件への投資をします。まず手軽に始められる区分所有マンションから取得します。このとき出口は考えておきます。10年後には売却です。そのときには売却益を出さないといけません。ですから、収益性が多少悪くともキャピタルゲイン狙いで物件取得を考えます。

1物件目は600万円の自己資金と1000万円の借入金で1500万円の物件取得をします。この物件は表面利回り9％です。ＮＥＴ利回り7.5％、借入期間20年、金利は2.5％の元利均等払いです。そうしますと、年間キャッシュフローは約50万円となります。これを10年間貯蓄しますと500万円です。年々の所得税や住民税は給与から支払います。10年後、仮に1500万円で売れたら、建物は減価償却していますので、約200万円の利益が出ます。税金を20％として40万円ですから、借入金残高を600万円とすると手元に戻る資金は1500万円－（40万円＋600万円）＝860万円となります。これと収益で貯蓄しておいた500万円と給与からの貯蓄700万円で約2000万円の資金ができました。

次にこれを元手に6000万円の収益物件を取得します。このとき45歳です。またキャピタルゲイン狙いです。自己資金2000万円、借入金4500万円です。物件は店舗付きのワンルームマンション一棟物です。この物件の表面利回りは9.5％、NET利回りは8％です。借入期間20年、金利は3％の元利均等払いです。そうすると年間キャッシュフローは約150万円。これを10年間貯蓄すると1500万円です。年々の所得税・住民税は給与から支払います。10年後にも6000万円で売れたら建物は減価償却しているので約600万円の利益が出ます。税金を20％として120万円ですから、借入金残高を3400万円とすると手元に戻る資金は6000万円－（120万円＋3400万円）＝2480万円となります。これと収益で貯蓄しておいた1500万円と給与からの貯蓄1000万円で約5000万円の資金ができました。

またこれを元手に同じことを繰り返します。65歳では、自己資金のみで店舗物件を取得します。しかし、経済環境の変化や税制の改正だけを見ても世の中どう変わるか予測しきれないから20年先のシミュレーションはあまり意味がありません。どの時点で売却するのがよいのかは毎年見直す必要があります。売却益が思うように出るとは限りませんし、金利上昇傾向の中ではそれにも対処しないといけません。対象不動産は海外不動産ということも考えられます。

これは、ステップ・バイ・ステップ方式で、徐々に目標に向かうという手法の説明ととらえてください。自己資金の多い人は1度の買換えで済むかもしれませんね。いつから始めるか、人それぞれで、できる状況になってから始めれば良いと思います。ただし、最終形を常に意識して、勉強も怠らず、そこへ気持ちを向けていくことが大事なことだと感じています。

ポイント

1　資産の組換え、収益ＵＰには自宅の売却も含まれます。

2　相続した不動産の有効活用法としては売却もその一手法です。売却資金で、安定収益を得ることを目指してみてはいかがですか。

3　ステップバイステップで目標に向かうという方法もあります。一気に成し遂げるには無理も生じます。自分なりの不動産投資スタンスを築いてください。

終わりに

本書は、前著『収益不動産所有の極意』を踏襲しながら、より実践的なものにするべく、具体的な事例をもとに、ケーススタディを中心にして書き上げました。その中でも、私の一番好きな「店舗物件」にも目を向けていただくために、他の種類の物件説明よりもスペースを割き、より詳細に書きました。それは「店舗」について語られている不動産投資関連本が少ないためです。

私はこの「店舗の所有」を不動産所有の最終形にしたいと述べました。これは偽らざる気持ちです。今後は、住居系で今までどおり収益を上げるのは、関西圏ではむずかしくなるのではないかと思っているからです。関東圏ではまだまだ流入人口が多いため、人口減は起こらないと思いますが、関西圏ではすでに始まっています。もうすでに、住居そのものが、築年数を問わなければ、数の上では需要を上回る供給がされています。したがって、今後ますます賃貸市場では過当競争が起こってくると、私は見ています。

さて、前著ではテーマが「失敗しないように」で、キーワードは「気づく」ということでした。本書のテーマとキーワードは何だと思われますか。テーマが「出口と最終形」、キーワードは「見方」です。どれだけそのことにスペースを割いたかの差はあれ、前著にも本書にも各々のことは触れています。テーマやキーワードは私が伝えたい思いで、テーマを強調するのは、読者の皆さんに、「この点を一度立ち止って考えてみてください」という私からのメッセージでもあるのです。

ところで、読者の皆さんは不動産投資における自己の投資スタンスを築いていますか。私が書いたことがすべてでもないし、正しい唯一の答でもありません。自分なりの投資スタンスを持つことで目的がより鮮明になり、焦りや迷いも少なくなります。自分の土俵で勝負するのが勝利への近道ですから、私の不動産投資法をそのまま真似る必要はなく、一つの方法として参考にしていただければそれで結構です。

私は実務家ですから不動産投資をより慎重にかつ実践的に捉えています。それは不動産投資で失敗された法人・個人を見てきたためです。その大きな原因は借入金の過多なのです。通常借入金の返済は長期にわたりますので、その全期間を読み切るのは至難のわざです。借入金のレバレッジがプラスに働いているうちは大きな利益をもたらします。しかしその反対もあって、そのときが一度でもくると対処の術がなくなるという怖さがあります。まさに、それは経験がないために犯す、見逃しやすいリスクなのです。

私はセミナーの参加者に「今後不動産投資で失敗する人は出てくると思いますか」という質問をよくします。どなたに聞いても「はい」と答えられます。では「どのような人が失敗されるのでしょうか」と重ねて聞くと、「借入金の多い人」「先の読めない人」「管理会社まかせの人」「勉強不足の人」「資金的に余裕のない人」といった返事が返ってきます。さて、読者の皆さんはこのどれにも該当しませんか。では、最近不動産投資を始められた人全員に「不動産投資で失敗する確率は」と質問したとします。答は「10%、20%、30%、40%」とまちまちの答えが返ってくるでしょうね。ただ、「ゼロ」という人はいないと思います。しかし、質問をした全員の頭の中には、「自分自身」は除かれているのです。ここに大きな矛盾が起こります。

不動産投資で成功するには、先の質問の答えと反対であれば良いのです。すなわち、

「借入金の少ない人」「先の読める人」「管理会社にまかせっきりにしない人」「勉強をよくする人」「資金的に余裕のある人」ということになります。「なるほどなあ」とすんなりと頷けるではありませんか。

それでも借入金偏重型投資法をお望みの人へ、一つだけアドバイスをします。

借入金返済スピードが資産価値下落スピードを上回り、かつ税引後キャッシュフローがプラスの内に資金を蓄えて、次の展開を図れる余力を養える状況になければ、所有リスクが高まっていくということを忘れないでください。キャッシュフローがマイナスになるときは必ずきますから、そのときの対処法を不動産投資の実践前に見つけておいてくださいね。

前著の『収益不動産所有の極意』でも紹介しましたトレジャー（宝物）発見勉強会も回を重ね、延べ170回、参加者は500名を超えました。

この勉強会は、参加者の気づかなかった、あるいは知らなかった、不動産と不動産に関連する分野の知識の向上のために始めたものです。でもこれはあくまでも「きっかけ」であり、不動産投資を実践する途上においては、各々が自ら勉強していく他はありません。

これまで、何人もの勉強会の参加者から感謝の言葉をいただきました。また、それにも増して不動産投資に興味をお持ちの方々との出会いから、多くのことに気づかされたり、不動産に携わることの喜びもいただきました。

すでに数グループの有志の会ができ、互いに不動産投資に関する情報交換をされています。中には、その域を超え、気の合う仲間として定期的に食事会をしているグループもあり、私も時折参加しております。同じ志を持つ人々の新たな出会いの場となり、喜んでいただけるならばと、これからも勉強会を継続していきたいと思っています。

興味を持っていただいた方は、私宛にメールをくだされば、勉強会開催の前に連絡させていただきます。

読者の皆さん、本書を読まれて幾分なりともお役に立ちましたでしょうか。私の発言にはいわずもがなのところもありましょうし、そのことで、もし気に障ったようなところがありましたらどうかお許しください。最後までお読みくださいまして、誠にありがとうございました。不動産所有で幸せになれますことを心からお祈り申し上げます。

和合　実

和合　実（ペンネーム）

1959年大阪生まれ。神戸大学大学院法学研究科修了。

昭和55年（1980年）度国税専門官採用試験に合格。国税調査官として所得税・法人税の調査等に従事。活躍の場を民間に求め退官。

1989年建設会社に入社。その翌年より土地活用の提案型営業一筋。顧客ニーズに対応した提案力には定評がある。６年前より時代のニーズを先取りし、収益物件への買換えコンサルティングの営業を行っている。ユニークな発想と誠実な人柄で個人顧客に同氏のファンも多い。平成16年より新たな試みとして、氏が講演をする不動産セミナー参加者を対象に自ら講師となって、不動産の見方・ものの考え方等をテーマにした「トレジャー（宝物）発見勉強会」（平成16・17・18年の実績：延べ170回）を開催、好評を博する。

本書に関するご意見、お問い合わせは、下記メールアドレス宛までお願いします。
〔著者連絡先〕
E-mail：wago-minoru@bb-japan.net
ブログ：http://www.bb-japan.net/wago/

和合《わごう》　実《みのる》が教《おし》える　成功《せいこう》の決《き》め手《て》！
出口《でぐち》からみる収益不動産投資《しゅうえきふどうさんとうし》
——実例編／不動産の見方、買い方、儲け方

2007年３月10日　初校第一刷発行
2007年４月20日　　　第二刷発行
著　者　和《わ》　合《ごう》　実《みのる》
発行者　小　泉　定　裕

発行所　株式会社　清　文　社
URL：http://www.skattsei.co.jp
大阪市北区天神橋２丁目北2-6（大和南森町ビル）
〒530-0041　電話06（6135）4050　FAX06（6135）4059
東京都千代田区神田司町2-8-4（吹田屋ビル）
〒101-0048　電話03（5289）9931　FAX03（5289）9917

印刷・製本　株式会社　廣済堂

　ISBN978-4-433-37106-7